튜닝 리더십
막장 리더와
이별하기

튜닝 리더십
막장 리더와
이별하기

진정한 성공과 리더십을 위한 튜닝 리더십

님

튜닝 리더십
막장 리더와
이별하기

튜닝 리더십

막장 리더와 이별하기

튜닝 리더십

막장 리더와 이별하기

막장 리더십은 버려라! 그리고 당신의 리더십을
단순하지만 강력하게 튜닝하라!

이영범 지음

BM 주식회사 도서출판 성안당

> 성공의 기준은 지금 내가 속한 곳에서 바람직한 리더로서
> 다양한 사람과의 튜닝을 통해 살아가는 것이며,
> 타인과 올바르게 소통하며 살아가는 것이다.

진정한 성공과 리더십

누군가는 말한다. “세상에 나쁜 리더는 없다.” 또 어떤 이는 말한다. “나쁜 리더는 있어도, 결코 나쁜 팔로워는 없다.” 관점 차이에 의한 주장이기에 나는 누가 옳은지 그른지 논하고 싶지는 않다. 그런데 당신이 선택한 이 책의 제목이 ‘나쁜 리더’를 넘어 ‘막장 리더’라고 하니 왠지 원초적이고 강렬하다. “막장 리더?” 당신이 알고 있는 막장 드라마와 유사한 의미의 막장 리더를 말하는 것인가? 물론 그렇다. 하지만 막장 드라마의 세 가지 요소인 출생의 비밀, 불륜, 시한부 인생과 막장 리더와는 전혀 관계가 없으니 오해 없기를 바란다. 그러나 중요한 것은 당신이 이 책에 게재된 리더로서의 자질과 무관한 사람이거나 리더로서 부족한 부분에 대한 개선의 노력을 하지 않는 사람이라면 막장 드라마의 3요소와는 별개로 당신의 조직이나 공동체에서 누군가로부터 막장 리더 같은 사람으로 인식될 수 있다는 점이다.

이런 질문을 던져 보자. "당신에게 진정한 성공이란 어떤 것인가?" 기업에서 강연 시, 내가 수강생들에게 던지는 단골 질문이다. 서점에 가면 성공과 관련한 워낙 다양한 자기계발서가 있기에, 신선하지는 않지만 그래도 누구나 한 번쯤 성공에 대해서 생각해 본 경험이 있을 법하기에 다양한 대답을 기대하며 질문한다. 답변이 너무 광범위하다면 좀 더 구체적인 대답이 가능한 질문으로 변형해 보겠다.

> "당신이 지금까지 살아오면서 과거를 되돌아봤을 때, 가장 후회하는 것은 무엇인가?"

당신의 답변이 어떤 것이든 간에 후회의 목록은 아마도 과거에 했던 것(Do)과 행하지 않았던 것(Don't) 2가지로 구분될 것이다. 혹시 당신이 행하지 않았던 것(Don't)의 후회 목록 중에는 이런 것들이 있지 않은가? "학창 시절에 공부를 조금 더 열심히 했더라면 더 성공했을 텐데….", "2000년대 초반에 은행 대출로 서울에 집을 사서 2019년에 팔았으면 미래에 대한 걱정이 없었을 텐데, 기회를 놓친 것이 한스럽다.", "바쁘게 살다 보니 가족과 시간을 많이 보내지 못해서 후회스럽다." 등의 한탄은 아닐까? 아마도 학업의 상대적 소홀함, 가족 간의 부족한 관계, 좋은 기회를 놓친 것 등이 행하지 않았던 것(Don't)의 후회 목록에 포함되지 않았을까?

반대로 과거에 행했던 것(Do) 범주에 속한 것이라면 혹시 지금의 직업이나 직장을 선택한 것에 대한 후회는 아닌가? 그럴리야 없겠지만, 지금의 배우자를 선택한 것에 관한 후회는 아니었는가? 아무튼, 당신의 후회 목록이 Don't이건, Do이건 간에 과거에 실행했거나 하지 않았기에 지금 너무 아쉽다는 자조 섞인 후회는 당신을 성공의 기준과 점점 멀어지게 한 이유일지도 모른다.

다시 처음 던졌던 "당신에게 성공이란 어떤 것인가?"라는 질문으로 돌아가 보자. 부동산 투자를 할 수 있었던 절호의 기회를 잃었을지라도, 내 일터가 명성이 자자한 대기업이 아닐지라도, 함께 일하는 내 동료, 후배, 선배들의 능력이 부족해서 인복이 없다는 생각으로 주변이 왠지 성공보다는 실패의 기운에 관한 생각이 든다 할지라도 과연 우리는 진정한 성공을 이룰 수 있을까?

이 책은 다양하게 답변할 수 있는 성공과 관련된 추상적인 질문에 대한 매우 구체적인 해답을 찾는 데 도움을 줄 수 있을 것이다. 아마도 필자를 포함한 이 책을 읽는 대다수의 독자는 TV 속에 자주 등장하는, 소위 말하는 스타급 연예인이나 스포츠팀의 코치진도 아니고, 사회적으로 권력과 부를 소유한 엄청난 재력가도 아닌 매우 일반적인 대중이자 평범한 사회인일지도 모른다.

이 책이 시종일관 당신에게 공감을 주며 끝까지 읽히려면 지극히 평범한 한 사회인이 대한민국에서 성공할 수 있는 기준을 제시해야 할 것이다. 물론 성공의 기준이 타인의 평가를 무시한 자칭 개인주의적 환상으로 비치는 것을 바라는 것은 결코 아니다. 사람마다 성공의 기준이 다르겠지만, 성공의 기준으로 삼을 수 있는 또 다른 측면은 지금 내가 속한 곳

(here & now)에서 다양한 사람들과의 튜닝(tuning)을 통해 바람직한 리더(right leader)로 살아가는 것이다. 그리고 또 한 가지는 타인과 올바르게 소통(right communicator)하며 살아가는 것이다.

결론적으로 말하면 이 책은 리더십과 소통에 관한 이야기이며, 리더십과 소통을 튜닝 리더십으로 통합하여 명명할 것이다. 튜닝 리더십에 대한 정확한 의미는 이 책을 통해 알게 될 것이고, 모쪼록 튜닝 리더십이 당신을 성공으로 안내하며, 당신이 속한 조직의 승리를 이끄는 든든한 지원자 역할을 함과 동시에 당신만큼은 '막장 리더'와 전혀 무관한 사람으로 살아가는 데 도움이 되기를 바란다. 그러나 막장 리더와 무관하다는 것이 상대방에게 듣기 좋은 말만 해야 한다거나 인기에만 영합한 리더로 살아야 한다는 논리는 물론 아니다. 조직과 상대방을 위하여 쓴소리를 해야 할 때도 반드시 있기 때문이다.

이 책의 전반부는 당신이 속한 곳에서 '튜닝 리더로 성공하기' 위하여 '어떤 리더가 될 것인가?'에 대한 자신의 선택과 튜닝 리더십 실천을 위한 방법을 담고 있고, 후반부에는 소통을 통해 다양한 구성원들과 튜닝할 수 있는 구체적인 활용 방법을 제시하고 있다. 그리고 이 책 속에는 필자가 1990년 11월부터 13년간의 직장 생활에서 때로는 부하로, 상사로, 동료로 조직 구성원들과 부대낀 경험이 녹아 있다. 그뿐만 아니라 2004년 2월 이후 현재까지 수많은 기업 임직원과 대학생들을 대상으로 한 다양한 리더십(코칭, 감성 리더십, 셀프 리더십)과 비즈니스 커뮤니케이션 분야(협상, 설득, 상담

등)의 강의 경험, 그들과의 상호 작용과 함께 학자들의 다양한 견해를 필자의 아이디어로 쉽게 풀어쓴 이야기들이 담겨있다. 물론, 군 제대를 앞둔 아들과 대학생 딸을 자녀로 둔 1남 1녀의 아버지와 한 아내의 남편으로서 겪은 시행착오를 통한 다짐들도 담겨 있다.

누가 이 책을 읽어야 하나

첫째, 회사 등 비즈니스 조직의 직책자는 아닐지라도 특정 공동체나 모임의 리더로서의 역할을 수행하며, 구성원들의 끊임없는 지지를 받아 다양한 구성원과 더불어 승승하기(Winning with Members)를 원하는 리더들에게 이 책을 권한다.

둘째, 이 책은 현재 조직의 직책자로서 리더십 발휘에 대해 어려움을 토로하고 있는 리더들의 맞춤형 리더십 실천서가 될 것이다. 실무자로서의 업무 수행으로 조직과 상사로부터 인정받은 후 직책자가 되었지만, "실무자일 때가 훨씬 편하고 좋았다."라고 한숨짓는 리더들을 종종 보곤 한다. 왜일까? 실무자일 때의 성과는 자신의 개인 역량에 따라 결과가 다르지만, 한 조직의 리더가 되는 순간부터 조직 구성원(타인)들을 어떻게 관리하느냐에 따라 조직 성과와 리더로서의 성패가 달라지기 때문이다.

당신의 직책이 팀장이건, 본부장이건, 아니면 사장이건 간에 조직 구성원들을 통해 조직의 성과를 창출해야 한다는 전제 조건은 변하지 않는 사실이다. 조직의 존재 이유는 끊임없는 성과 창출을 통한 생존과 성장이다. 조직 구성원 개개인도 마찬가지이다. 조직으로부터 인정받아야 하고, 지속적인 성과 창출을 해야 함은 물론이고, 조직과 더불어 성장해야 한다. 이런 점에서, 조직과 구성원들의 목표 달성을 위해 현직 리더들의 리더십은 절대적으로 필요하다.

셋째, 이머징 리더(Emerging Leader)들에게 이 책을 권한다. '이머징 리더'란 어떤 의미인가? 성장 가능성이 매우 크게 떠오르는 신흥 시장을 의미하는 '이머징 마켓'(Emerging Market)처럼 '이머징 리더'는 현재는 조직의 핵심 실무자이지만, 앞으로 팀장 등 직책자로서의 성장 가능성이 큰 미래 리더로 설명할 수 있다. 그러므로 '이머징 리더'는 조직과 본인 자신을 위해 체계적인 준비를 해야 하는 직급자로서 지속적인 역량 개발이 필요하다.

그렇다면, '이머징 리더'로서 준비하고 개발해야 할 핵심 역량(core competency)은 어떤 것들이 있을까? 그 역량에는 업무 개선, 업무 추진력, 업무 전문성의 일과 관련한 3가지 필요 역량과 사람 관리, 조직 관리, 성과 관리를 포함한 리더십 역량이 있다. 그러나 많은 기업이 일과 관련한 역량 개발에는 시간과 비용을 지속적으로 투자하고 있지만, 이머징 리더들의 리더십 향상을 위한 선행 학습은 준비가 부족한 것이 현실이다(물론 필자가 경험한 S 기업은 미래 리더 인재풀을 만들어 3년 단위의 매년 다른 교육 프로그램으로 리더십 선행 학습을 시키는 경우도 있다).

조직의 리더가 된 후에 오프라인 리더십 교육을 받는다거나 온라인 교육 수강 등 자기 주도 학습의 기회를 제공하는 것은 그 효과가 반감될 수 있으며, 때에 따라서는 사후 약방문이 될 수도 있다. 그러므로 이 책은 다양한 리더십 교육의 기회를 미리 받기 어려운 이머징 리더들의 리더십 교본이 될 것이다. 리더십을 미리 준비하면, 지금의 리더들이 한숨짓고 있는 "실무자일 때가 리더로서의 직책을 수행하는 것보다 훨씬 좋았어."라는 자조 섞인 한숨은 지울 수 있지 않을까 생각한다.

넷째, 가정에서 자녀에게 존경받는 좋은 부모, 즉 아버지와 어머니의 역할을 수행해야 하는 부모들에게도 이 책을 권한다. 진정한 리더십은 자신이 몸담은 일터뿐만 아니라, 가족들에게도 좋은 평가를 받아야 하는데, 그 평가가 부모의 리더십 수준을 좌우하는 핵심이 되기 때문이다.

마지막으로 이 책은 평소 리더십에 대한 관심으로 많은 도서와 인터넷 강의에 시간을 할애해 보았지만, 학자들의 어려운 이론들 위주로 구성된 도서를 접하고 "리더십 책은 어렵다."라는 생각과 함께 "실무와 거리가 먼 내용이야."라는 느낌으로, 중간에 책을 덮어 버렸던 사람들에게 권한다. 혹은 저자의 경험 위주로만 구성되어 내용이 너무 평이하거나 구체적 개선 방법이 부족하다는 생각을 가졌던 사람들에게 적합한 책이다.

이 책은 일단 사례 중심으로 읽기에 쉬운 책이며, 이론서가 아닌 실천서이다. 특별히 당신의 리더십 유형과 소통수준을 확인해 볼 수 있는 진단 도구와 단원의 끝 부분에는 본인 스스로 생각해 보고 실천할 과제들을 수록했으니, 반드시 기록하고 적용해 보길 바란다. 왜냐하면, 리더십은 이론 습득보다는 현장 밀착형 적용과 실천이 우선이기 때문이다.

이 책은 리더십의 중심을 리더 자신이 아닌, 조직 구성원들에게 맞추어 구성되었다. 그러나 일방적으로 리더들의 심기를 불편하게 하는 내용으로

만 구성되지 않았다. 당신을 시원하게 하는 사이다 같은 내용도 확인해 보기 바란다. 또한, 트렌드 중심의 특정한 리더십에만 주목하지도 않았다. 당신이 혼자가 아닌 다양한 사람들과의 긍정적인 교류를 원한다면 이 책을 통해 그 해결 방안을 찾을 수 있을 것이다. 당신의 직책과 무관하게 리더십에 대한 관심으로 이 책을 선택했건, 미래 리더로서의 준비 과정이나 현 직책자로서의 고민으로 이 책을 선택했건 간에 당신의 현명한 선택에 박수를 보낸다. 어떤 이유든 간에 리더십은 특정인에게만 국한된 것이 아닌, 조직과 가정을 막론하고 공동체의 리더들과 구성원들에게조차 범용적이며 보편적으로 필요한 경쟁력이자, 필수 핵심 역량임에는 틀림없기 때문이다.

작년과 올해가 다른 가장 큰 이유는 급여가 5% 오른 것, 승진한 것, 자녀가 원하는 대학에 입학한 것, 그리고 새집을 장만하게 된 것 등의 변화도 있을 것이다. 하지만 이 책에 기록된 내용에 대한 실천을 통해 내 가족, 내 동료, 내 후배 등 주변 사람들이 나를 더 좋아하게 된 것이 작년과 가장 다른 변화가 되었으면 하는 바람이다. 이 변화가 매일의 작은 성공을 맛보는 기회이며, 당신의 리더십 역량이 향상하는 기회가 되기를 바란다. 나의 미션은 '강연을 통해 강의를 듣는 사람들이 올바른 삶과 일을 올바르게 선택하도록 돕는 선택 설계자로서 살아가는 것이다.' 그리고 이 책을 통해 '당신에게 바람직한 리더십과 소통 방법을 선택하게 하는 또 다른 성공의 선택 설계자가 되는 것이다.'라는 새로운 내용이 나의 미션에 추가되길 기원한다.

2020년 1월, 이영범

이 책은 단지 현직 리더들의 변화만을 요구하거나, 그들의 심기를 불편하게만 하지 않는다. 현재 리더와 미래 리더인 팔로워까지 조직의 모든 구성원이 실행해야 할 리더십의 교본이자 소통의 실천서이다.

– 나윤호, 경동도시가스 대표이사

경영자와 직장 생활을 하는 임직원 모두의 필독서! 경영자와 조직 구성원들에게 리더십과 소통은 언제나 뜨거운 관심사다. 이 책을 통해 리더십과 소통 역량 향상을 위한 타인과의 튜닝 방법을 습득할 수 있을 것이다.

– 서민교, 맥세스컨설팅 대표

조직의 크고 작음과 무관하게 리더가 되면, '조직을 잘 이끌어 갈 수 있을까?', '나는 존경받는 리더인가?'를 고민하게 된다. 이 책은 이 물음에 대한 해결책을 제시하며, 리더로서 다양한 튜닝 방법 습득을 통해 진짜 리더가 되기 위한 도전의식을 불러일으킨다.

– 송승봉, 현대엘리베이터 대표이사

이 책은 우리가 생각하는 성공의 정의를 바꾸게 한다. 내가 머무는 곳에서 긍정적인 영향력을 발휘할 수 있는 다양한 실천 방법들을 통해 우리의 인생이 매우 성공적이고 가치 있음을 느끼게 할 것이다.

– 이시봉, 한성기업 부사장

"함께하는 리더가 진정한 리더다." 이 책은 우리가 알고 있으나 실천하지 못했던 꼭 필요한 리더의 실천 과제를 구체적으로 제시하고 있다. 그러므로 조직의 직책자부터 미래 리더뿐 아니라 리더십과 소통에 어려움을 겪고 있는 사람에게까지 해결책을 제시하는 필독서라고 확신한다.

– 정기수, 한양대학교 미래인재교육원 원장

조직의 리더와 가족 구성원으로서 이 책이 제시하고 있는 실천 과제들을 지속해서 점검하고 실천한다면 우리와 함께하는 사람들의 숫자가 증가할 뿐 아니라 그들과의 관계의 품질도 향상될 것이다. 진정한 리더를 희망하는 사람들의 필독서이다.

– 조성기, 한국페인트 잉크공업협동조합 전무

"Leadership is everything!" 리더십이 가장 중요합니다. 그러나 리더십을 제대로 알고 제대로 실천해서 소기의 성과를 달성하는 것은 결코 쉽지 않습니다. 이론과 실무를 겸비한 이영범 소장님의 튜닝 리더십과 그에 따른 소통 방법이 타인의 마음을 사고, 더 나아가 탁월한 성과를 창출하는 조직을 만드는 데 큰 도움이 될 거라 확신합니다.

– 조영탁, 휴넷 대표이사

'막장 리더와 이별하기' 왠지 강한 제목으로 인해 처음에는 그 의미에 대해 의아해 할 수 있으나 내용이 거듭 될수록 그 의아함은 튜닝 리더십과의 연결고리에 대한 명료함과 함께 리더로 어떻게 살아가야 하는지, 또 그 실천 방법에 대한 확신을 가지게 한다.

– 최경선, 더본코리아 전무

목차

04 리더(나)를 튜닝하라 : 리더십 향상법

05 소통이 중심이다 : 튜닝 리더십을 위한 소통

06 소통 달인에 도전하자 : 튜닝 리더십 소통의 실천

튜닝 리더십

막장 리더와 이별하기

01

뛰어난 튜너가 유능한 리더다

튜닝 리더십 바로 알기

오케스트라를 지휘하는 지휘자는 정작 자기는 아무 소리도 내지 않는다.
그는 다른 이들로 하여금 얼마나 소리를 잘 내게 하는가에 따라 능력을 평가받는다.
다른 이들 속에 잠자고 있는 가능성을 깨워서 꽃피게 해 주는 게 바로 리더십이 아닐까?

- 벤 젠더, 전 보스턴 필하모닉 지휘자 -

가장 만족스러운 결과를 얻는 사람은 가장 뛰어난 아이디어를 가진 사람이 아니다.
동료들의 머리와 능력을 가장 효과적으로 조율하는 사람이다.

- 알톤 존스, 석유회사 CITGO 회장 -

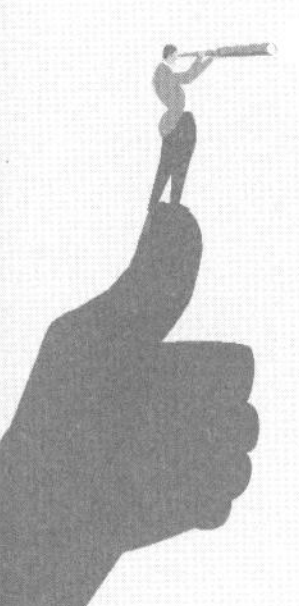

01

피아노처럼 리더십에도 조율이 필요하다

———————— '튜닝 리더십'이라고? 피아노를 튜닝할 때 그 튜닝 말인가? 튜닝 리더십이 무엇인지 알아보기 전에 튜닝(tuning)의 사전적 의미를 살펴보자. 'tuning'의 원형인 'tune'은 '(악기의) 음을 맞추다.', '조율하다.'라는 뜻이다. 그리고 악기의 음을 표준음에 맞게 조율하는 사람을 '튜너'(tuner), 즉 '조율사'라고 부른다.

튜닝은 단지 악기에만 한정되지 않는다. 합창단의 지휘자를 떠올려 보자. 지휘자는 최상의 연주를 위해 수많은 악기를 비롯한 소프라노, 테너 등 각 파트의 소리 특성은 물론, 각 연주자의 성향이나 실력 등을 판단하여 연주곡을 선택하고 연주 방향을 설정한다. 이렇게 지휘자는 각 연주자의 특성을 고려한 맞춤형 전략으로 튜닝을 한다. 보스턴 필하모닉의 지휘자 벤 젠더는 "지휘자 자신은 아무 소리도 내지 않는다. 그는 다른 이들로 하여금 얼마나 소리를 잘 내게 하는가에 따라 능력을 평가받는다."라고 말한다. 내가 말하는 튜닝 리더십도 같은 맥락이다. 튜닝 리더는 구성원들의 마

음을 조율하여 조직을 이끈다. 즉, 자기중심적이 아닌 타인 중심적인 리더십이 바로 튜닝 리더십의 기본이다.

스포츠에도 튜닝이 존재한다. 골프 레슨계에서 오랫동안 아마추어 골퍼들에게 좋은 반응을 얻고 있는 임진한 프로 골퍼를 예로 들어보면, 그의 레슨 지론은 단순명료하다. 아마추어 골퍼들은 100인 100색이라는 것이다. 어린 시절부터 골프를 배워온 프로들과 다르게 아마추어들은 골프를 시작하는 시기가 제각각이다. 그로 인해 유연성에도 차이가 있어 프로들과 같은 방법으로 레슨을 하면 오히려 골프에 흥미를 잃어버리게 됨은 물론 레슨받는 것을 포기하는 경우도 있다고 한다(나는 이 주장에 매우 공감한다). 임진한 프로는 아마추어 골퍼들의 구력, 유연성, 신장 등에 적합한 개별적 트레이닝법을 적용함으로써 골프 레슨계에서 오랫동안 환영받았다.

이번엔 튜닝의 의미를 좀 더 명확하게 하기 위하여, 오래전 인기리에 방영되었던 <전파견문록>이란 프로그램을 통해 타인 중심적인 튜닝 리더십의 기본을 확인해 보자.

여러분에게 주어진 미션은 6~8세 아이들이 하는 특정 단어에 대한 설명을 보고 그 단어가 무엇인지 유추해내는 것이다.

타인 중심적인 튜닝 리더십의 기본 확인

예 어른들은 애들이 자꾸 해달라고 하면 머리 아프니까 싫어해요.
(정답 : 풍선)

1. 이건 아래랑 위랑 바뀌면 큰일 나요. (　　　)
2. 아빠가 제일 크고 다음은 나예요. 엄마가 제일 작아요. (　　　)
3. 엄마가 하면 동생이 안 보여요. (　　　)
4. 이걸 하려면 아는 사람이 있어야 해요. (　　　)
5. 엄마가 기분 좋을 땐 아빠한테 하구요, 기분 나쁠 땐 혼자서도 해요. (　　　)

1.인어공주 2. 방귀 3. 어부바 4. 새치기 5. 팔짱

정답을 유추하기가 만만치 않을 것이다. 아이들의 사고 체계는 어른과 판이하다. 정답을 찾기 위해서 타임머신을 타고 어린 시절로 돌아가거나 동심에 우리의 마음을 맞추어야 한다. 내 마음을 상대의 마음에 맞추는 것, 이것이 바로 튜닝이다. 당신이 5개 문항 중에서 정답을 3개 이상 맞혔다면 아마도 당신은 아이들의 좋은 친구 혹은 튜닝 리더가 될 일차적인 자격 요건을 갖추었다고 해도 과언이 아니다. 효과적인 리더십을 발휘하기 위해 상대방과 끊임없이 '튜닝'해야 함을 잊지 말자.

그러나 우리가 경험한 현실에서의 리더들은 어떤가? 아쉽게도 '튜닝'과 무관한 리더들이 많지 않은가? 다음의 사례를 보면 튜닝에 대한 의미가 좀 더 명확해질 것이다.

A사의 본부장 양 전무의 별명은 부하 직원들 사이에서 '양 대리'로 통한다. 그는 직원들의 직급이나 능력과 전혀 무관하게 그들의 업무 수행과 관련한 마이크로 매니지먼트(micro management : 세부 사항까지 통제함, 사소한 일까지 관리함)로 인해 공분의 대상이 되고 있다. 부하 직원인 최 과장의 하소연을 들어보자. "내가 신입도 아닌데 사사건건 확인하니 숨통이 조이는 것 같다." 다음은 오 대리의 하소연이다. "본인의 생각에 부합하지 않으면 무조건 틀렸다고 하시니, 그럴 거면 본인이 다 하시던가…."라고 동료들에게 말하곤 한다.

혹시 당신 주변에 이런 상사나 리더들은 없는가? 물론 위 사례의 양 전무는 튜닝 리더와 무관한 사람이다. 그렇다면 본격적으로 튜닝 리더와 관련 없는 유형의 리더들을 살펴보자.

02

나는 이런 리더를 해고하고 싶다

———————— 당신은 자신이 속한 직장이나 공동체에서 사람으로 인한 상처나 부당한 대우, 이해할 수 없는 지시 등을 받았을 때가 있는가?

나는 직장에서 이 대리로 불리던 시절, 나를 정말 힘들게 했던 상사를 만난 적이 있다. 종일 그 상사에게 시달림을 당하고 피폐해진 몸과 마음을 이끌고 퇴근하는 지하철에서 가끔 이런 상상을 했다. '나에게 인사권이 있다면 C 부장을 단칼에 자를 텐데, 이 인간을 어떻게 괴롭혀 주지?' 이런 상상은 반사적으로 내 입가에 미소를 머금게 했지만, 이 기쁜 상상은 정확하게 지하철 도착역까지였다. 이처럼 현실에서는 당신과 나에게는 싫어하는 사람을 내칠 만한 인사권이 아예 없거나 극히 제한되어 있다. 또한, 계속 이런 상상만 하는 것도 시간이 지나면 공허함으로 돌아오기 마련이기에 적절한 방법이 아님을 우리는 잘 알고 있다.

그렇다면 당신은 어떻게 대처해야 할까? 첫째, 상사나 리더를 당신의 직장(모임)에서 내보낸다. 둘째, 그들을 내 구미에 맞게 변화시킨다. 셋째, 내가 직장(모임)에서 나간다.

당신은 어떤 선택을 하겠는가? 아쉽게도 이 세 가지 모두 바람직한 선택이 아니다. 그 이유는 첫째, 나 혼자 그들과 함께하기 싫다고 해서 내 의지대로 그들을 내보낼 수는 없다. 참고로 나의 경험으로 볼 때 그런 상사나 리더는 그곳에 정말 오래 남아 있는 경우가 많다. 둘째, 그들을 내 구미에 맞게 변화시키겠다는 선택을 했다면 당신의 도전 정신에 박수를 보낸다. 그러나 아쉽게도 그들은 결코 쉽게 변하지 않는다. 셋째, 만약 지금까지 세 번째 선택(내가 떠난다)을 수도 없이 해 왔다면 당신의 이력서에는 수많은 회사의 이름으로 도배되어 있을 것이다. 그러므로 이 선택 또한 추천하고 싶지 않기에 나는 당신에게 네 번째 선택지를 추가해 주고 싶다. 넷째, 자신 스스로 어떤 리더가 되겠다고 선택하고, 그 리더에 적합한 교류 방법을 실천한다. 당신에게 인사권이 주어졌다고 생각하고 아래 10가지 리더의 전형을 읽어 보자.

1. 예스맨을 강요하는 리더
2. '나 때는 말이야', '왕년에 내가….'를 반복하는 리더
3. 다른 사람과 비교 평가해서 무안만 주는 리더
4. 허심탄회하게 말하라고 해 놓고 불쾌한 감정을 드러내는 리더
5. 자신의 주장과 스타일로만 밀어붙이는 독단적인 리더
6. 미주알고주알 간섭하는 리더
7. 돋보이는 자리에 앉아서 위엄만 보이려는 리더
8. 말과 행동이 일치하지 않는 리더
9. 상대방의 의욕을 꺾는 언행을 하고도 모르는 리더
10. 감정의 기복이 심한 리더

10가지 리더의 전형 중 당신이 겪어본 리더가 있는가? 당신에게는 이미 인사권이 있다. 대신 그 인사권은 세 번만 사용할 수 있다. 과연 당신은 10가지 모습의 리더 중 어떤 리더를 해고하겠는가? 그렇다고 이 책에 실존 인물의 이름은 적어 두지 않기를 바란다. 혹시나 당신의 상사(리더)가 자신의 이름이 적힌 이 책을 보게 되었을 때, 나는 당신의 미래에 대해 장담할 수 없기 때문이다. 대신 입이 너무 근질근질하다면, 당신이 가장 믿을 수 있는 친구나 가족에게 해고하고 싶은 상사에 대한 '뒷담화'의 장을 마련해 보는 것도 나쁘진 않다. 왜냐하면 뒷담화를 통한 성토는 때로 현실에서 내가 소유할 수 없는 인사권을 대체할 수 있는 좋은 수단이기 때문이다. 이때 반드시 기억해야 할 것은 특정인에 대한 뒷담화는 단 한 번으로 종결시켜야 한다. 지속적인 뒷담화는 당신의 마음을 병들게 할 뿐만 아니라, 그 뒷담화에 동참한 사람들이 하나둘 당신을 떠날 수도 있기 때문이다.

위에 소개된 리더들은 구성원들의 마음과 상황을 전혀 헤아리지 못하는 튜닝과 전혀 무관한 리더들의 전형이다. 10가지 리더의 전형을 통해 튜닝과 무관한 핵심 키워드 3가지를 알아보자.

튜닝은 리더 자신의 [고집을 관철시키는] 것이 아니다.

튜닝은 [리더 자신을 돋보이게 하는] 것이 아니다.

튜닝은 [자신의 리더십 스타일 / 성향만을 드러내는] 것이 아니다.

03

나는 드라마 속 막장 리더일까? 튜닝 리더일까?

――――――― 여러 버전으로 회자되는 유머 하나를 소개해 보겠다. 같은 회사에서 근무하는 김 사원, 박 대리 그리고 최 팀장이 회의실로 가는 도중 복도에서 요술 램프 하나를 발견했다. 세 사람은 동시에 램프를 잡기 위해 팔을 뻗었고 세 사람 모두 동시에 램프를 손으로 문질렀다. 그러자 램프 안에서 요정이 나타나 소원을 말하면 들어주겠다고 했다. 요정은 램프를 문지른 사람의 세 가지 소원을 들어주는 것이 원칙이지만, 세 사람이 동시에 램프를 문질렀기 때문에 각자 한 가지 소원씩만 들어주겠다고 했다.

이 말이 끝나기가 무섭게 김 사원이 큰 소리로 "저는 팀장님이 없는 몰디브에서 휴가를 즐기고 싶어요."라고 말하자 김 사원은 그 자리에서 바로 사라졌다. 그리고 옆에 있던 미혼인 박 대리도 크게 외쳤다. "저는 팀장님이 없는 카리브해에서 멋진 배우자와 함께 여생을 즐기고 싶어요."라고 말하자 박 대리도 이내 그의 소원대로 사라졌다. 마지막으로 남겨진 최 팀장을 향해 요정이 물었다. "당신의 소원은 무엇입니까?" 최 팀장은 씩씩거리며 "방금 사라진 김 사원과 박 대리를 오늘 퇴근 전까지 회사로 돌아오게 해 주세요." 왠지 웃음의 소재라기보다 뭔지 모를 씁쓸함이 느껴지는 이야기이다.

기업에서 강연을 하다 보면 회사의 관리자들은 다음과 같은 하소연을 하곤 한다. "왜 드라마나 개그 프로그램에서는 회사의 간부급 직원 대부분을 막장 리더로 몰아가는지 심기가 불편할 때가 있습니다. 그래서 가족과 TV를 시청하다가 기분이 상해서 채널을 돌리기도 합니다." 아마 이런 생각을 하는 사람 중 누군가는 위의 이야기를 듣고 이렇게 생각할 수도 있을 것이다. 사라진 두 부하 직원들을 당장 사무실로 호출하지 않은 것만도 최 팀장의 배려일 수 있으며, 아니면 최 팀장의 소원을 "어디라도 좋으니 말 안 듣는 부하 직원들이 없는 곳에서 한 달만 여유롭게 쉬게 해 주세요."라고 반전의 해피엔딩으로 각색할 수도 있을 것이다. 물론 이렇게 각색하면 '리더십은 죽었다.'라는 시대풍자적 유머 기능은 완전히 상실하겠지만 말이다. 부하 직원들에게 부정적인 이미지로 각인된 리더들 덕분에 이러한 유머가 회자되고 있겠지만, 구성원들과 튜닝하지 못하는 이야기 속 최 팀장이 지금 이 책을 읽고 있는 당신이 아니길 바란다.

그렇다면 누가 조직의 구성원들을 올바른 길로 이끌 수 있는 튜닝 리더인가? 즉, 상대방의 마음을 잘 조율하는 튜닝 리더가 되기 위한 핵심 키워드는 무엇일까? 다음의 괄호 속 단어들에 주목해 보자.

① 튜닝 리더는 구성원들의 마음을 먼저 읽는다.

② 튜닝 리더는 구성원들과 공감을 시도한다.

③ 튜닝 리더는 구성원들과의 차이를 가치 있게 여긴다.

④ 튜닝 리더는 구성원별 특성·성향·능력·상황에 적합한 맞춤형 리더십을 발휘한다.

⑤ 튜닝 리더는 구성원 개인에 맞는 동기 부여 방법을 적용한다.

⑥ 튜닝 리더는 구성원들의 작은 변화에도 민감하다.

⑦ 튜닝 리더는 감성지능/EQ에 기반한 리더십을 발휘한다.

⑧ 튜닝 리더는 구성원들의 장점에 주목한다.

⑨ 튜닝 리더는 까다로운 구성원들과도 튜닝한다.

⑩ 튜닝 리더는 구성원들과 진정한 소통을 한다.

⑪ 튜닝 리더는 구성원들의 비언어적인 메시지에도 민감하다.

⑫ 튜닝 리더는 구성원들에게 부정적인 피드백/쓴소리를 합리적으로 한다.

위에 나열한 12가지 튜닝 리더의 공통점은 감성 지능을 통해 상대방과 공감하며 진정한 소통을 하는 리더라는 점이다. 결국, 튜닝 리더십이란 '튜닝(조율)을 통해 이해관계자 등을 이끄는, 지속적이고 긍정적인 영향력으로 개인과 조직을 발전시키는 원동력'이다. 여기서 튜닝이란 본인의 리더십 유형을 참조하여 상대의 성향과 능력 그리고 상황에 맞게 주파수를 맞추고 조율하는 것이다(상대방과 주파수를 맞추기 위해 앞서 언급한 튜닝인 것과 튜닝이 아닌 것을 다시 한 번 확인해 보라).

04

쇼윈도 조직은 곤란하다

———————— 앞서 튜닝 리더십의 개념을 알아보았다면, 이제는 튜닝 리더십이 필요한 이유에 대해 알아보자.

첫째, 조직이 수직적 형태에서 수평적 형태로 변화함에 따라 부하가 상사에게만 일방적으로 주파수를 맞추는 것이 아니라, 상하 간의 조율과 소통이 절대적으로 필요해졌다. 한 가정의 가장이 자신의 리더십 방법만 강요하면서 그 유형에 배우자와 자녀들을 고정하고자 한다면 과연 건강한 가정이 될 수 있을까? 주변의 시선을 의식하여 겉으로는 마치 잉꼬부부나 멋지고 쿨한 부모처럼 포장할 수는 있을 것이다. 소위 말하는 쇼윈도 부부가 존재하듯이 쇼윈도 부자, 쇼윈도 부녀가 있지 말라는 법은 없다. 회사나 공동체의 조직 역시 마찬가지이다. 점차 수평적 조직으로 변화됨에도 불구하고 리더가 자신만의 리더십 방법만 고수한다면 어떤 현상이 발생될까? 당신과 구성원들의 관계가 대외적으로는 괜찮은 것처럼 포장될 수 있지만, 실상은 정반대로 악화되고 있는 쇼윈도 조직이 될 수도 있음을 꼭 기억하길 바란다.

둘째, 우리는 스마트 기기 하나면 언제 어디서나 정보를 즉각적으로 확인하고 수집할 수 있는 시대에 살고 있다. 리더인 당신이 후배들보다 먼저 태어나 먼저 학습하고, 승진했다는 이유로 그들이 당신의 지식수준에 맞추기를 기대하기란 만만치 않은 게 현실이다. 어쩌면 그들은 이미 당신보다 더 다양한 지식과 정보를 더 빠르게 이미 습득했을 수도 있다. 물론 조직에서 잔뼈가 굵은 당신의 경험 우위는 인정하지만, 그 경험조차도 격차가 줄어들고 있다. 그렇다면 급변하는 시대에 리더로서의 당신은 어떻게 대처해야 할까? 바로 조직의 구성원들과 튜닝을 통해 그들의 생각과 정보를 파악한다면 당신의 리더십이 더 효과적으로 발휘될 수 있다. 물론 그 튜닝은 구성원들의 개인차에 의한 개별적 접근이 절대적으로 필요하다.

셋째, 리더에 비해 팔로워(부하/후배)들의 목소리가 커졌다. 2019년 주 52시간 근무제가 시행됨에 따라 일과 삶의 균형(워라벨)을 이루는 시대가 정착되어 가고, 과거에는 묵인되었던 일부 리더의 언행이 법에 저촉되거나 (2019년 7월 16일부터 시행된 직장 내 괴롭힘 금지법 : 사용자나 근로자가 직장에서 지위 또는 관계의 우위를 이용해 다른 근로자에게 신체적, 정신적 고통을 주는 행위 등을 금지하는 법) SNS 등을 통해 공개되어 사회의 손가락질을 받기도 한다. 따라서 당신은 조직의 구성원들이 평소 품고 있는 불만을 한 번에 폭발시키기 전에 리더로서 그들의 업무상 애로 사항을 세심하게 살피고 파악해야 한다. 그리고 그 결과를 토대로 한 개인별 맞춤 전략을 세워 그들이 조직의 성과 창출에 지속적으로 이바지할 수 있도록 지원해야 한다.

넷째, 기업의 구성원들은 자신이 해야 할 업무량에 비해 일손이 부족하다는 불만을 토로하곤 한다. 그 결과, 절대 인원이 부족한 상태에서 멀티플레이어의 역할 수행은 대부분 조직에서 선택이 아닌 필수가 되고 있다. 리더 역시 단순히 부하 직원들을 관리하는 업무에만 국한되지 않고, 실무 수행과 조직 관리를 포함한 멀티플레이어 역할을 병행해야 한다. 리더와 실무자 모두 멀티플레이어로 바뀐 조직에서, 어떤 실무자에게는 리더의 명확한 지시가 필요하고, 어떤 실무자에게는 업무상 문제점을 리더가 코칭하여 스스로 해결하도록 지원하고, 어떤 실무자에게는 리더가 개인의 능력과 의사 결정에 기반을 두어 자율적인 업무 수행이 가능하도록 하는 것이 개인과 조직의 성과 창출에 더 효과적인 상황도 있다. 이런 이유에서 구성원들의 특성과 상황, 개인차에 적합한 튜닝 리더십은 리더의 선택이 아닌 필수 역량인 것이다.

마지막으로 정치, 경제, 사회, 문화 등 구분할 것 없이 '우리나라에는 리더는 많은데, 리더십은 부족하다.'라는 말이 반복되는 것은 어제오늘의 이야기가 아니다. 그만큼 리더십에 대한 대중의 관심은 언제나 뜨겁다. 4차 산업혁명 시대의 인공지능과 로봇의 발달이 직업군의 변화와 기업의 성패를 예견하기도 하지만, 그 어떤 직업군이나 기업도 리더를 인공지능으로 대처하기는 쉽지 않을 것이다. 오히려 세상이 디지털화될수록 역설적으로 아날로그적 감성과 디지털 정서를 혼합한 '디지로그'(digilog)식 튜닝 리더십의 발휘가 더 효과적일 수 있다. 현재와 미래를 살아가는 수많은 리더의 고민을 해결해 주고, 그들의 경쟁력을 향상하는 데 튜닝 리더십이 분명 도움이 될 것이다.

정리하자면, 수직적인 조직에서 수평적인 조직으로의 변화, 스마트 기기 등을 통한 다양하고 빠른 정보 습득으로 선후배 간의 지식 격차 최소화, 주 52시간 근무제 시행으로 워라벨의 중요성 증가, 점차 커지는 구성원들의 목소리, 멀티플레이어의 역할 확대, 아날로그적 감성과 디지털 정서 간 균형적인 감각의 필요성 등은 시간이 흐를수록 튜닝 리더십의 중요성을 더욱 부각시킬 것이다.

실천 과제

[1.4.1]

튜닝 리더의 공통점 12가지를 읽어보고, 지신이 가장 부족한 세 가지를 선택해 보자. 그리고 그 세 가지를 강화시키기 위한 계획을 구체적으로 수립하고, 실천해보자.

튜닝 리더로서 부족한 것 3가지	이번 주간 어떻게 실천할 것인가?
①	①
②	②
③	③

튜닝 리더십

막장 리더와 이별하기

02

1만 시간을 투자해도 리더십은 향상되지 않는다

리더십의 기초

늘 배우는 자세를 잃지 마라. 지식은 절대로 고정되거나 완결된 것이 아니다.
배우기를 끝내면 리더로서의 생명도 끝난다.
리더는 결코 자신의 능력이나 지식 수준에 만족해서는 안 된다.

- 존 우든, 농구감독 -

리더십 개발이 중요하다. 그러나 그보다 결과가 더 중요하다.
인적 자원에 대한 투자도 중요하다. 그러나 그보다 결과가 더 중요하다.
책임도 중요하다. 그러나 그보다 결과가 더 중요하다.

- 워렌 베니스, 서던 캘리포니아대학교 경영학 교수 -

01
자리가 리더를 만드는가

——— 당신의 리더십 기초를 다지기 위한 첫걸음으로, 리더십과 관련한 세 가지의 오해(혹은 착각)를 하나씩 확인해 보자.

[오해 1] 경력이 쌓이면 리더십은 획득된다.
[오해 2] 지위가 올라가면 리더십은 획득된다.
[오해 3] 나이가 들면 리더십은 획득된다.

[오해 1] 경력이 쌓이면 리더십은 획득된다

말콤 글래드웰(Malcolm Gladwell)의 저서 <아웃라이어(Outliers)>에서 아웃라이어는 '① 본체에서 분리되거나 따로 분류된 물건, ② 표본 중 다른 대상들과 확연히 구분되는 통계적 관측치'라고 명시하고 있다. 덧붙이자면 아웃라이어는 특정 분야에서 비범한 사람 혹은 탁월한 전문가 등으로 표현할 수 있다. 또한, 글래드웰은 책에서 아웃라이어가 되는 비결로, 1만 시간의 법칙(사실 말콤 글래드웰도 앤더스 에릭슨의 논문을 인용했다)을 설명한다. 즉, 아웃라이어들의 공통점 중의 하나는 특정 분야에 1만 시간을 투자했다는 사실이다. 우리나라 일반 직장인의 근무 시간에 근거하여 1만 시간을 역산해 보면, '8시간(일)×5일(주)×52주(년)×약 4.8년'이 된다. 물론 아웃라이어는 절대적인 시간 투자와 함께 최선의 노력을 다했다는 전제하에 가능한 일일 것이다. 최소한 이 두 가지의 조건이 성립되면 직업군에 상관없이 진정한 '아웃라이어'라고 자부해도 틀린 말은 아니다.

그러나 '특정 분야에서 1만 시간을 투자하여 경력이 쌓인 아웃라이어에게 리더십도 동일하게 획득되었을까?'라는 물음에 꼭 '그렇다'고 긍정할 수는 없다. 당신의 주변을 둘러보라. '그 사람 일은 참 잘하는데, 리더십은 영 아닌 것 같아.'라는 평가를 듣는 사람을 본 적이 있을 것이다. 당신조차도 누군가로부터 이와 비슷한 평가를 받고 있을지도 모른다. 즉, 리더십은 1만 시간의 양적 투자보다는 제대로 된 학습과 경험에서 비롯된 질적인 시간 투자가 필요하다.

[오해 2] 지위가 올라가면 리더십은 획득된다?

혹시 '자리가 사람을 만든다.'라는 말을 들어본 적이 있는가? 상당 부분 고개가 끄덕여지는 말이기도 하다. 집행부에 늘 불만을 품고 있던 사람이 그 집행부의 임원이 되었을 때, 예전처럼 불만을 토로하기보다 자신이 맡은 책임과 역할에 대해 변론하는 모습을 보게 된다. 그 결과, 그에 대한 평가가 이전보다 긍정적으로 바뀌는 경우가 있다. 그렇다고 해서 그 사람이 지위에 걸맞은 리더십까지 획득했는지는 시간을 두고 지켜봐야 할 것이다.

[오해 3] 나이가 들면 리더십은 획득된다?

세 번째 오해에 대해서도 생각해 보자. 간혹 주변 사람들로부터 '나잇값 못 한다.'라는 말을 듣는 사람이 있다. 도대체 '나잇값 못한다.'라는 말은 무슨 의미일까? 이 말과 유사하게 '저 친구는 얼굴값 못하네', 'K 선수는 몸값 못하네', '김 과장은 밥값 못하네!' 등이 있다. 얼굴에 걸맞은 값어치(일정한 값에 해당하는 쓸모나 가치), 연봉에 걸맞은 값어치를 못 한다는 말이다. 즉, 나잇값은 그 사람의 나이에 따른 값어치를 이르는 것으로, 진정한 나잇값은 그의 나이를 기준으로 삼을 게 아니라 내적인 성품과 외적인 품격이 기준이 되어야 한다. 아쉽게도 우리 주변에는 나이가 든 성인 중에도 나잇값 혹은 리더의 가치를 갖추지 못한 사람들이 뜻밖에 많다. 그리고 앞서 말했듯이, 경력이 쌓여도 혹은 지위가 올라가도 리더십 발휘에 애를 먹거나 리더십과는 동떨어진 사람들이 있다. 경력, 지위, 나이가 반드시 리더십과 비례하지는 않는다.

02

리더십 = 리더 + 이해관계자 + 영향력

——— 당신은 리더십을 어떻게 정의하겠는가? 지금 바로 대답이 잘 떠오르지 않을 수 있다. 1장에서 언급한 튜닝 리더십의 정의를 참고한다면 조금 수월하지 않을까?

리더십이란 ( )이다.

나는 사원 시절부터 리더십에 관심이 많았다. 나아가 조직에서 팀장과 부서장 역할을 수행할 때 리더십은 필수 핵심 역량이었기 때문에 수많은 리더십 관련 서적을 탐독했으며, 대학원에서도 리더십 관련 논문으로 학위를 받았다. 여러 전문가가 말하는 리더십에 대한 견해와 주장 그리고 나의 경험을 종합해서 다음과 같이 리더십을 정의하고자 한다.

리더십이란 리더가 자신의 이해관계자들에게 발휘하는 영향력으로 개인과 조직을 발전시키는 힘이다.

지금부터 이 문장에 포함된 몇 가지 중요한 단어의 구체적인 의미를 살펴보자.

리더

리더는 회사, 단체, 조직 등에서 공식적으로 부여한 직위 혹은 직책이 아니다. 회사의 과장, 차장, 부장 등은 공식 직위이고, 공동체 모임의 회장, 총무 등은 그 모임으로부터 인정받은 직책이지만 리더는 그렇지 않다. 하나의 조직을 이루었다면 그 조직을 운영하기 위한 공식적인 직함이 필요하다.

앞서 리더십에 대한 오해에서 언급했던 것처럼 직위와 직책을 소유했다고 그들을 진정한 의미의 리더라고는 할 수 없다. 그렇다면 과연 리더의 필요조건은 무엇일까? 학술적 정의가 아닌 실용적인 면에서 리더의 정의를 당신과 합의하고자 한다.

리더는 자신이 하는 일에 대한 확고한 사명감(mission)과 책임 의식(responsibility)을 갖고, 그 일에 몰입(commitment)하는 사람이다.

리더의 의미를 이렇게 정의하면 지금 어떤 직위나 직책, 혹은 조직의 구성원이 아니더라도 자신이 하는 일에 대한 사명감, 책임 의식, 몰입, 이 세 가지 요소를 가지고 있다면 당신은 자타공인 리더로 인정받을 수 있다.

사명감은 내가 하는 일의 분명한 방향과 목표 설정이다. 책임 의식은 그 누구의 통제나 관리 없이도 자발적으로 움직이는 힘이다. 그리고 몰입은 열정을 가지고 일에 빠져드는 고도의 집중력이다. 당신을 포함하여 당신 주변에서 이 세 가지 요소를 갖춘 사람들을 생각해 보라. 그들은 모두 리더이다. 과거 화제였던 <상도>라는 드라마를 기억하는가? 드라마와 책 모두를 접했던 나에게 가장 인상 깊었던 한 구절이 있다. 주인공인 조선 시대 거상(巨商) 임상옥이 외쳤던 '상즉인(商卽人)'이다. 이는 '장사는 곧 사람이다.'라는 말로, '장사란 이윤을 남기는 것이 아니라 사람을 남기는 것'임을 의미한다. '상즉인'은 사명감, 책임 의식, 몰입, 이 세 가지 요소를 모두 갖춘 진정한 리더로서의 고백이 아닐까?

이해관계자

이해관계자란 말 그대로 '개인과 조직의 의사 결정과 행동에 직·간접적으로 이해관계를 가지는 사람'을 의미하며, 일반적으로 조직 내부와 외부의 이해관계자들로 구분할 수 있다. 내부의 이해관계자는 상사(선배), 부하(후배), 동료 혹은 가족 구성원 등으로 구분할 수 있다. 외부의 이해관계자는 친구나 고객 등으로 구분할 수 있다. 그리고 리더십에는 주체(리더)와 객체(이해관계자)의 상호 작용이 필수적이다.

영향력

영향력은 리더십을 정의할 때 가장 중요한 단어이다. 영향력은 타인에게 미치는 힘 혹은 그들을 움직이게 하는 원동력이다. 어느 누가 리더십을 정의해도 결코 빠질 수 없는 핵심 단어이다. 따라서 리더십을 한마디로 정의한다면 '리더십은 영향력이다.'라고도 할 수 있다.

그리고 나는 이 영향력이라는 단어에 두 단어를 추가하고 싶다. 첫 번째는 '지속성'이다. 우리는 주변에서 지속성과 거리가 먼 사람들을 만나곤 하는데, 그들을 가리켜 '감정 기복이 심한 사람', '어느 장단에 춤을 추어야 할지 알 수 없는 사람', '겉과 속이 다른 사람', '작심삼일의 소유자' 등으로 묘사하기도 한다. 즉, 영향력은 일회성의 단기적인 것이 아니라, 지속해서 주변의 이해관계자들에 발휘되는 힘이다. 두 번째는 영향력 앞에 '긍정적인'을 추가하고 싶다. 조직에서 이해관계자들에게 '지속해서 긍정적인 영향력'을 발휘하는 사람이야말로 비로소 리더라고 부를 수 있다. 폭력 조직의 우두머리를 리더가 아닌 두목이라 부르는 이유는 그들은 부정적 영향력 발휘의 전형이기 때문이다.

지금까지 리더십을 '리더, 이해관계자, 영향력' 세 가지 키워드로 분해해서 설명했다. 이 세 가지 단어 중 가장 중요한 단어는 무엇일까? 바로 영향력이다. 영향력을 논하지 않고 리더십을 정의한다면 리더십 수준의 법칙(등급 : 리더십 발휘에도 수준이 있다)뿐 아니라, 진정한 의미의 튜닝 리더십을 알아가는 데 어려움이 있을 것이다.

03

이해관계자를 움직이는 9가지 방법

────── 영향력은 어떻게 발휘해야 할까? 여러분은 주변의 이해관계자들에게 지속해서 어떤 방법이나 수단으로 영향력을 발휘하고 있는가? 이해를 돕기 위해 현실에서 경험할 수 있는 방법을 생각해 보자.

힘(force)

당신은 학창시절 선생님에게 체벌을 받은 적이 있는가? 혹은 부모가 된 후 자녀에게 매를 든 경험이 있는가? 그 선생님이나 부모로서의 당신은 모두 상대방으로부터 자신이 원하는 것을 얻고, 또 상대방을 변화시키기 위한 영향력을 발휘하기 위해 물리적인 수단을 이용했다. 물론 이 힘의 효과가 지속적이거나 긍정적인가는 깊이 생각해 봐야 할 것이다.

협박(intimidation)

내 아들은 초등학교 2학년 때 취미로 클럽 축구를 처음 시작했고, 4학년

때 초등학교 정식 선수로 등록했다. 우리나라에서는 운동과 공부를 병행하기 만만치 않은 게 현실이다. 그래도 내 아들에게만큼은 두 가지 모두 균형을 맞춰 주기 위해 초등학교와 중학교 때는 합숙하지 않는 운동부에서 운동과 공부를 병행시키고자 했다. 그러나 중학교 3학년 때부터 아들의 학업 성적은 기대와 달리 급격하게 떨어졌고, 급기야 아버지인 나는 아들의 중학교 3학년 중간고사 성적표를 받아 들고 이렇게 말했다. "야, 이 녀석아! 넌 아직 프로 선수도 아닌데 이 성적은 좀 심한 거 아니야? 너 다음 기말시험 때 OO점 이상 오르지 않으면, 앞으로 축구선수 안 시킨다."라고 엄포를 놓았다. 과연 그 당시 아들의 기말고사 점수가 오르지 않았을 때, 선수 생활을 포기하게 할 용기가 나에게 정말 있었을까? 당연히 아니다. 그동안 투자한 시간과 노력, 금전적 후원을 생각하면 불가능한 일이라는 것을 그 말을 함과 동시에 알고 있었다. 그러나 이러한 협박이나 공갈에 어린 아들은 잠시 공부에 전념하는 듯한 모습을 보였지만, 그리 오래가지 않았음은 예상 가능한 일이다.

조작/기만(fake)

1990년대 후반 IMF 사태가 대한민국을 강타했을 때, 실직한 많은 가장에게는 새로운 일과 직장이 필요했다. 특별한 경험이 없었던 그들에게 정상적인 다단계 마케팅을 가장한 비정상적인 수많은 피라미드 회사의 사업자

(디스트리뷰터)들이 손을 뻗었다. 피라미드 회사의 사업 설명회는 매우 체계적이고 참석자들의 꿈을 부풀게 할 수 있는 희망의 찬가였다. 설명만 들으면 투자 금액을 단기간에 회수함은 물론 금방이라도 부자가 될 것 같았다. 그 화려한 꿈에 이성은 쉽게 마비되고 퇴직금을 포함한 거금의 투자는 실패로 끝난다. 결국, 황홀한 사업 설명은 감언이었고 속임수였다는 것을 깨닫는 데 그리 오랜 시간이 걸리지 않았다. 피라미드 회사의 일부 관계자들은 조작/기만이라는 수단을 피해자들에게 영향력으로 활용한 것이다.

지위(position)

'정승 집 개가 죽으면 많은 사람이 문상을 오지만, 정작 정승이 죽으면 아무도 오지 않는다.'라는 옛말이 있다. 권력 무상을 말할 수도 있으나 역설적으로는 권력을 포함한 지위의 강력함을 풍자하기도 한다. 그만큼 지위

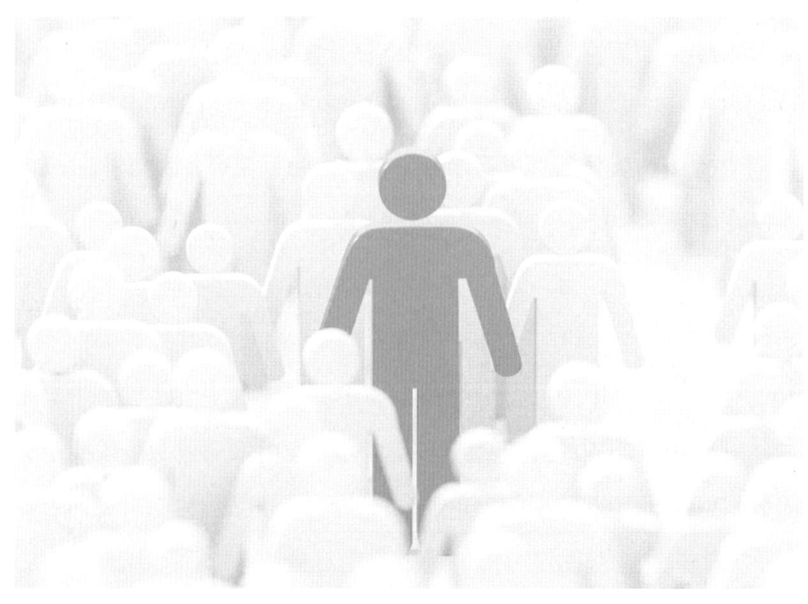

는 인간관계에서 폭발력이 있다. 상사라는 지위, 갑이라는 지위, 부모라는 지위는 모두 영향력의 수단이다. 점심시간 식사 메뉴를 정할 때 "오늘 점심은 짜장면 어때?"라는 당신의 제안에 구성원 모두가 이견 없이 "네, 짜장면 좋습니다!"라는 통일된 대답과 함께 중화요리 식당으로 향한다면, 이것은 지위에 의한 영향력일 가능성이 높다. 지위는 영향력 발휘 수단 중 가장 일반적이고 전통적인 방법이다. 그러나 지위에 의한 영향력을 발휘하는 자체가 문제인 게 아니라, 우리의 영향력 수단이 대부분 지위에 머물러 있다는 게 문제이다.

성과(performance) 또는 능력(ability)

2002년 거스 히딩크(Guus Hiddink) 감독이 대한민국 축구 국가대표팀을 4강 신화로 이끌지 못했더라면, 과연 서울시 명예시민이나 대한민국 1호 명예국민이 될 수 있었을까? 지난 2014년 브라질 월드컵에서 의리 축구 논란을 일으켰던 홍명보 전 축구 국가대표팀 감독이 만약 히딩크 감독과 유사한 성과를 냈더라면, 과연 불명예스러운 퇴진을 했을까? 사실 히딩크 감독도 2018년 중국 올림픽 대표팀 감독으로 부임한 후 1년 동안 12게임에서 고작 4게임만 승리하는 낮은 성과로 2019년 9월, 1년 만에 불명예 퇴진을 했다.

스티브 잡스(Steve Jobs)가 애플의 성과를 주도하지 않았다면, 사후에도 그를 유능한 리더로 평가했을까? 외모 지상주의에 빠진 이 시대에 연예계나 스포츠 분야에서 뛰어난 외모와는 거리가 멀지만, 대중의 인기를 한몸에 받으며 영향력의 범위를 넓히고 있는 스타들을 보게 된다. 간혹 어떤 이들은 사석에서 이런 말을 하곤 한다. "저 스타가 저 얼굴로 저 일을 하지 않았더라면 도대체 뭘 했을까? 정말 저 일을 잘 선택했어." 이 말 속에는 스타의 외모를 평가하는 의미도 있겠지만, 사실은 그 분야에서 그 스타의 성과나 실력의 우수함을 표현하는 것이다. 당신이 영업 분야에서 일했거나 자영업 경험이 있다면 누군가와 이런 말을 심심치 않게 주고받았을 것이다. "매출이 인격이다." 매출과 성과가 좋으면 아무래도 상호 우호적인 말을 많이 하게 되니, 이해관계자들에게 좋은 평가를 받을 가능성도 높아지고 그만큼 리더로서의 영향력도 강해질 것이다.

교환(exchange)

당신이 기혼자라면 자녀의 학업 성적을 놓고 일종의 거래를 한 적이 있을 것이다. "다음번 기말 성적 순위가 3위 안에 들면 휴대폰을 최신형으로 교체해 줄께." 당신이 직장의 상사라면 부하나 후배에게 "이번 달 100% 목표달성 시 다음 해외연수 1순위 기회를 부여할게." 혹은 "다음번에는 승진 추천을 꼭 할게." 반대로 조직이나 상사가 요구하고 지시한 바를 달성하지 못하면 승진 누락 등의 패널티를 제공하겠다고 하는 것 등이 모두 교환을 통한 영향력 발휘이다. 그런 의미에서 교환을 '신상필벌(信賞必罰, 상과 벌을 공정하게 주는 행위)의 리더십'으로 말하는 것도 괜찮을 것이다. 물론 이 교환은 성과 도달 시 기존에 리더와 후배(부하) 간에 약속했던 사항을 지켜야 함은 당연하다. 이런 교환 행위를 전문적인 표현으로 '거래적 리더십(Transactional leadership)'이라고도 한다.

솔선수범(modeling)

한 강연 토크쇼에서 개그맨 김제동 씨가 밝힌 일화다. 그가 방송 초창기

시절 예능 프로그램에 출연하면 진행자들은 녹화 도중 김재동 씨의 안경을 벗기려 했다고 한다. 그의 외모를 개그 소재로 활용하려는 연출가나 작가의 의도가 담겨 있었다고 하는데, 안경을 벗기는 진행자들의 방법이 사뭇 달랐다고 한다. 이경규 씨는 방송의 오랜 경력과 선배의 지위를 통해 안경을 벗기려 했고, 강호동 씨가 진행하는 프로그램에 섭외되면 녹화 시작과 동시에 이미 김제동 씨의 안경이 벗겨진다는 것이었다. 강호동 씨의 힘(force)의 영향력이 수단으로 활용되었다는 말이다. 마지막으로 유재석 씨는 예능 프로그램에서 김제동 씨의 안경을 벗기기 위해 어떻게 했을까? 당신이 한 번 유추해 보라. 그렇다. 유재석 씨 자신이 안경을 먼저 벗는다는 것이었다. 김제동 씨 본인이 보기에도 안경을 벗은 유재석의 모습은 참으로 못생겨 보였고, 또 그를 보니 예능 후배인 자신 또한 안경을 벗는 것이 좋을 것 같다는 생각이 자발적으로 들었다고 한다. 유재석 씨의 영향력의 수단은 솔선수범 그 자체였다. 너무나 당연한 것처럼 보이지만 당연함 속에 특별함이 들어 있는 것이다. 아마 이러한 면이 유재석 씨가 세간의 구설수나 특별한 안티팬 없이 지금까지 오랫동안 대중들의 사랑을 받는 이유가 아닐까 하는 생각이 든다.

육성(nurture)

"감독님을 만난 후, 야구선수로서 진정한 눈을 뜨게 되었고, 인성과 실력 모두 몰라보게 성장했습니다."라는 운동선수들의 인터뷰를 들어 본 적이 있을 것이다. 혹시 당신은 후배들로부터 "팀장님을 만나서 제 역량이 한층 성장했습니다." 등의 말을 직·간접적으로 들은 적이 있는가? 아니면 "성장과 육성의 기회조차 없는 조직이 싫어서 사표를 내게 되었다."라는 사직의 이유를 들은 적이 있는가? 혹시 "조직에서 자기계발을 통한 성장과 육성의 기회가 많았으면 좋겠다."라는 후배의 의견에 "나도 못 컸는데 여기가 학교인가? 조직은 알아서 성장하는 거야!"라고 무안을 주었던 적은 없는가?

이런 면에서 볼 때, 필자는 인복이 많은지 다행스럽게도 직장생활 중에 좋은 리더를 많이 만났다. 그중 마지막 직장에서 모셨던 L 임원이 떠오른다. 필자를 체계적으로 육성시켰던 리더이다. 돌이켜보면 지금의 강사로 성장할 수 있도록 사내외 강의 기회를 많이 부여해주셨고, 다양한 국내외 연수기회를 바탕으로 직접 교육 컨설팅도 수행할 수 있도록 도와주셨던 고마운 분이다. 육성은 리더인 당신이 구성원들로 하여금 조직의 성과향상이나 개인의 성장을 위해 그들을 키우거나 발전시키는 것을 말한다. 물론, 리더가 선택할 수 있는 긍정적 영향력 발휘의 대표적인 방법이다.

참여시킴(participation)

필자가 다녔던 첫 직장의 직속상사 K 이사는 소위 말하는 로얄 패밀리였다. 신입사원부터 시작하는 대부분의 사람과 다르게, 부장으로 입사한 K 이사는 일반 직원이 범접하기엔 어려운 존재였으나, 다행스럽게도 당시 3년 차 직원이었던 필자는 K 이사를 잘 따랐고, 상사로서의 인간적인 매력도 갖게 되었다. 그렇게 된 대표적인 이유 중 한 가지는 K 이사가 필자나 주변 직원들에게 자주 했던 말 때문이다. "하반기 해외연수 계획 관련해서 이영범 씨도 회의에 참석시키지." "이영범 씨! ○○제도 관련된 신선한 아이디어가 있으면, 선배들 신경 쓰지 말고 자유롭게 의견 개진해 봐요." K 이사는 말뿐 아니라 실제로 부서 의사결정 과정에, 그 당시 사회 경험이 많지 않았지만 부서 내 유일한 교육전공자였던 필자를 자주 참여시켰다. 덕분에 필자의 업무 수행능력은 배로 향상되었고, 새로운 업무 추진을 위한 프로젝트팀에도 발탁되어 좋은 성과를 창출할 수도 있었다. 즉, '참여'는 구성원들을 리더나 조직의 의사결정 과정에 직접적으로 연계시키고 때로는 구성원이 주도권을 갖도록 독려하고 촉진하는 긍정적 영향력 발휘의 좋은 방법이다.

지금까지 영향력의 수단 9가지에 대해 알아보았다. 이 시점에서 당신에게 세 가지 질문을 하겠다.

첫째, 당신의 일터나 공동체에서 9가지 영향력의 수단 중, 당신은 주로 어떤 것들을 활용하고 있는지 체크해보기 바란다(물론, 중복 체크도 가능하다).

둘째, 가정에서 당신이 주로 활용하는 영향력의 수단은 어떤 것인가 체크해보라(이 역시 중복 체크가 가능하다). 일터와 가정에서의 영향력 수단이 극명한 차이를 보이는가? 아니면 영향력의 수단이 힘, 협박, 조작/기만에 국한되어 있는가? 수직적 조직에서 수평적 조직으로 변화한 21세기에는 이 세 가지 수단들이 일터는 물론 가정에서도 환영받지 못함은 자명한 사실이다. 그뿐만 아니라 앞에서 언급한 것처럼, 지속성과 함께 영향력 앞에 덧붙일 두 번째 단어가 있다고 했다. 그것은 바로 긍정적인 영향력이다. 그러므로 긍정적 영향력 측면에서 볼 때 이 세 가지의 수단(힘, 협박, 조작)은 결코 좋은 방법은 아니며, 만일 당신의 영향력 발휘 수단이 여기에만 머물러 있다면 당신은 막장 리더로 각인될 가능성이 매우 높다. 반대로, 필자를 육성시키고 참여시켰던 상사들은 긍정적 영향력을 발휘한 진정한 리더십을 소유한 리더인 동시에 튜닝의 달인이다.

당신 주변의 상사, 리더, 동료들을 보라! 그들은 당신에게 긍정적 영향력을 발휘하고 있는가? 당신 또한 비즈니스 현장에서 후배, 동료들에게 혹은 가정에서 배우자나 가족 구성원에게 긍정적 영향력을 발휘하고 있는가? 그렇다면 그들과 당신은 모두 진정한 리더십을 소유하고 있는 사람들이다.

세 번째 질문은 부정적 영향력 발휘 수단 3가지(힘, 협박, 조작)를 제외한 나머지 6개의 영향력 발휘 수단 중 어떤 방법이 더 바람직한가와 관련한 질문이다. 결론은 이 6가지 방법에 좋고 나쁨이 있는 것은 아니다. 이해 관계자들의 준비도(성격, 학습스타일, 능력 등)와 상황에 맞게 영향력 발휘 방법을 매칭시키는 것이 튜닝 리더십이며, 바람직한 리더의 모습이다. 그러나 영향력 발휘 수단이 지위(position)에 머물러서는 곤란하다. 즉, 영향력의 등급을 표기하면 다음과 같다.

레벨 0 = 힘, 조직, 협박
레벨 1 = 지위
레벨 2 = 성과, 교환, 솔선수범, 육성, 참여

실천 과제 [2.3.1]

당신이,

1. 지난주 일터나 가정에서 영향력을 발휘한 방법에 대해 생각해 보고,

2. 이번 주간, 긍정적 영향력의 수단 중, 레벨 2인 솔선수범/육성/구성원을 참여시키는 것으로 영향력을 발휘하기 위한 계획을 세워보기 바란다.

① 솔선수범(modeling) :

② 육성(nurture) :

③ 참여시킴(participation) :

04

긍정적 리더십은 전염된다

——————— 기업에서 강연 중, 수강생들에게 듣는 질문 중 하나가 있다. “소장님, 리더십은 학습되는 게 맞나요?” 이 질문에 대한 답변을 위해 리더십 학자들의 견해를 인용해 보고자 한다. 물론 이 책이 딱딱한 이론을 바탕으로 한 리더십 전문서적을 지향하는 것은 아니므로 너무 걱정할 필요는 없다.

리더십 연구방법론 중에 ‘특성이론’이라는 것이 있다. 이 방법론은, 연구가들이 ‘리더의 자질은 타고날 뿐, 학습이나 경험으로 습득되는 것이 아니다.’라는 전제하에 리더의 개인적 자질과 특성을 찾아내고자 한 것이다. 즉, 특성이론 관점에서 좋은 리더는 그렇지 않은 리더와 명확하게 구별되는 특성과 자질을 선천적으로 타고난다는 것이다. 특성이론은 이론의 단순성 덕택에 많은 학자가 수용했으나 연구결과의 일관성 미흡 등으로 인해 현재는 큰 지지를 받지 못한다.

리더십 이론 설명은 여기까지이다. 그러나 만약 이 특성이론이 리더십의 핵심이라면 우리가 굳이 리더십 관련 서적을 탐독할 이유도 없고, 기업에서 지속적으로 시행하고 있는 리더십 강의를 수강할 필요도 없기에 어쩌면 나는 실직자가 될지도 모른다. 그렇다면 과연 리더십은 리더의 선천적 특성 이외에 경험, 환경 그리고 다양한 학습을 통해 후천적으로 습득될 수 있을까? 이 질문에 관한 대답은 '그렇다'이다. 리더십은 경험, 환경, 학습을 통해 분명히 습득되고 계발될 수 있다.

이 책을 열심히 읽고 있는 독자라면 리더십을 가장 단순하게 한 마디로 표현했을 때 '리더십은 영향력'이라는 말에 반기를 들지는 않을 것이다. 이 영향력은 타인에 의해 쉽게 전염되는 경향이 있다. 다른 말로 표현하면 사람들은 타인들에 의해 큰 영향을 받는다. 이 단순한 명제는 2018년 노벨문학상을 받아서 국내에서도 큰 화제가 된 리차트 탈러(Richard Thaler) 교수의 <넛지(nudge)>라는 책의 핵심이기도 하다. 여기서 잠시 '넛지'에 소개되었던 연구 결과를 인용하고자 한다.

1. 다른 십 대들이 아이 갖는 것을 목격한 십 대 소녀들은 자신도 임신할 확률이 높다.
2. 비만은 전염성이 있다. 그래서 친한 친구가 살이 찌면 당신의 체중이 늘어 날 위험도 커진다.
3. 방송사들은 서로를 모방하여 프로그램 편성에서 일시적 유행을 양산한다(몇 년 전부터 경쟁적으로 방영된 각 방송사의 서바이벌 프로그램, 부모와 어린아이들을 등장시킨 가족 예능 프로그램 등을 생각해 보라).

'넛지'에 소개된 사례 말고도 실제로 나의 두 자녀는 식탁에서 밥 먹는 자세가 바르지 않다. 두 아이 모두 왼쪽 팔꿈치를 식탁에 대고 약간 왼쪽으로 몸을 기울여 식사한다. 그리고 아들의 식사 후 식탁 위에는 입 언저리를 닦은 휴지나 냅킨이 가득하다. 왜 그럴까? 아내의 말을 빌리자면 아빠인 내가 자주 그랬다고 한다. 나도 모르게 자녀들에게 부정적인 영향력을 전이시킨 것이다. 리더십을 강의하고 리더십 관련 책을 집필하고 있는 사람에게 매우 부끄러운 일이다. 그러나 너그럽게 이해해 달라. 필자도 이 사실을 깨닫고 많은 노력을 하고 있고, 또 많이 변했고 아이들도 아빠에게 긍정적인 영향을 받아 시간이 지나면서 변화될 것이기 때문이다. 물론 지금까지 언급한 사회적 영향력의 전염은 부정적인 측면을 내포하고 있지만, 긍정적 영향력의 학습 사례 또한 많이 있다.

다시 '넛지'에 소개된 사례를 인용해 보자. 학업 성과를 추구하고자 하는 대학생들의 노력은 또래들의 영향을 받는다. 따라서 신입생 때 무작위로 배정되는 기숙사나 룸메이트는 그들의 학점과 미래에 커다란 영향을 미칠 수 있다(그러므로 학부모들은 자녀의 대학 이름보다 자녀와 함께 지낼 룸메이트를 더 신경 써야 한다). 추가로 '넛지'에서 인용된 연구결과 이외에 필자의 경험을 소개하고자 한다.

2000년 여름 나는 W사의 경력사원 모집에서 교육팀장으로 입사하게 되었다. 1997년 이후 IMF의 혹독함을 겪고 우여곡절 끝에 새로운 직장을 구한 것이었다. 어려울 때 입사한 직장이었기에 회사와 일에 대한 애착심은 그 누구보다 강했다. 그 당시 회사는 임원진과 관리자급을 대상으로 명사 특강을 매월 1회씩 진행했는데, 교육팀장인 내가 진행을 맞게 되었다. 오전 7시까지는 회사에 도착해서 사전 준비를 하고, 8시부터 강의가 시작되어야 하는데 눈을 뜨니 이미 7시 40분이 넘었다. '아뿔싸!' 입사한 지 한 달도 안 되어 큰 일이 난 것이다. 분명히 알람을 해 놓았는데, 너무 피곤했던지 혹은 휴대폰 문제인지 나와 아내 모두 늦잠을 잤다. 정신이 혼미해졌으나, 이미 '엎질러진 물'이었으므로 일단 전화상으로 부하 직원에게 진행을 요청하고 급히 회사로 향했다.

1교시 강의가 진행 중이었으므로, 나는 휴식시간을 기다리며 강의장 밖에 서 있을 수밖에 없었다. 단순한 지각이 아닌 공식 행사 진행에 늦었으니 예상되는 직속 상사의 질책에 걱정을 넘어 두려움까지 밀려왔다. 강의장 밖에서의 대기시간 30분이 얼마나 길게 느껴지던지 지금도 그 느낌이 생생하다. 드디어 휴식시간이 찾아왔고, 강의장 안으로 들어간 나는 고개를 숙이고 직속 상사인 L 부장에게 늦잠 때문에 지각했고 또 죄송하다고 말했다. 그런데 이게 어찌 된 일인가? L 부장은 활짝 핀 미소와 약간은 장난기 섞인 말로 내 어깨를 툭 치며 "이 팀장, 회사 적응하느라 많이 피곤했나 봐. 피곤하면 일찍 잠을 자야지. 어젯밤에 잠 안 자고 집에서 뭐 한 거야? 너무 걱정 하지마. 우리가 다 알아서 했어."라고 말하는 것이 아닌가? 순간 눈물이 핑 돌았다. 그리고 진심으로 감사했다. '남자는 자신을 알아주는 장수를 위해 목숨을 바친다.'라는 말이 떠오르며, 어쩌면 그 장수가 L 부장일 수도 있다는 생각이 들었다. 그뿐만 아니라 나도 후배들에게 '이런 상사가 되어야지.'라는 다짐도 하게 되었다.

그 이후 그 회사에서 L 부장은 본부장, 이사, 전무로 승진했고 그룹 계열사의 사장으로까지 위촉되었다. 그분의 지위가 나를 움직였던 것은 아니다. 단지 나는 그분을 리더로서 좋아한다. 후배의 실수를 그만의 방식으로 긍정적으로 전환하고, 끝까지 믿어주었던 분이다. 그분과 함께했던 3년간,

짧지만 그분을 통해 리더십을 학습했고, 나 또한 비슷한 실수를 한 후배 교육팀 김 대리에게 그분의 리더십을 흉내 내기 위해 노력했다. 그리고 내가 그분에게 가졌던 고마움을 후배 김 대리도 내게 직간접적으로 표현한 적이 있다. 이처럼 리더십은 경험, 노력 그리고 환경을 통해 얼마든지 학습되고 누군가에 전이된다. 당신의 리더십도 죽지 않고, 안녕하기 위해 오늘도 리더십 학습과 계발을 위한 노력이 있기를 바란다

튜닝 리더십

막장 리더와 이별하기

03

나는 어떤 리더에 가까울까

리더십 자가진단

조직의 인재는 사랑받아야 하고 육성되어야 하며, 영혼과 지갑에 보상받아야 한다.
왜냐하면, 이들이 기적을 일으키는 사람들이기 때문이다.
이런 사람들을 잃는 것이야말로 리더의 가장 큰 실패이다.

- 잭 웰치, 전 GE 회장 -

위대한 감독은 선수들로 하여금 자신이 생각하는 것보다 훨씬 더 우수한 선수라고 믿게 하는 재주가 있다.
그는 선수들에게 자신이 그들을 믿고 있다는 사실을 알게 한다.
자기가 얼마나 우수한지 깨달은 선수는 자신의 최고 기량에 미치지 못한 경기에 만족하지 못하게 된다.

- 레지 잭슨, 명예의 전당에 헌정된 야구선수 -

01

영향력 방법과 리더십 유형

——————— 당신은 지금 이 책을 잘 읽고 이해하고 있는가? 잠시 테스트해 보자. '리더십은 한마디로 영향력이다.'라고 표현했다. 그렇다면 영향력의 수단 9가지를 기억하는가? 그 방법이 많기에 기억하기가 쉽지는 않겠지만, 다시 한 번 확인해 보자.

① 힘　② 협박　③ 조작/기만　④ 지위
⑤ 성과/능력　⑥ 교환　⑦ 솔선수범　⑧ 육성　⑨ 참여

①, ②, ③ 영향력의 수단은 수평적 조직 및 정상적인 교류에 어울리지 않는 부정적인 수단으로 지양해야 하며, ④ 지위, 그리고 ⑤ 성과/능력부터 마지막 ⑨ 참여를 통한 5가지 수단으로 이해관계자들의 능력과 상황에 맞게 적합한 영향력을 발휘해야 하는 것이 튜닝 리더십의 근간이라고 했다.

그런데 이 영향력 발휘의 방법 9가지를 보다 체계적이고 정선된 표현으로 바꾸어, 즉 다음의 세 가지 리더십 유형으로 그룹핑(Grouping)하여 설명하고자 한다. 지위·능력·교환은 지시형 리더십으로, 솔선수범·육성은 코치형 리더십으로, 육성·참여는 위임형 리더십으로 그룹핑 할 수 있다.

지금부터 당신은 각각의 리더십 유형을 읽어가며 자신이 어느 유형에 가까운지 생각해 보기 바란다. 자신의 리더십 유형을 파악하는 것은 상대의 성향을 파악해서 튜닝 리더십을 발휘하기 위한 시작이자 좋은 시도이기 때문이다.

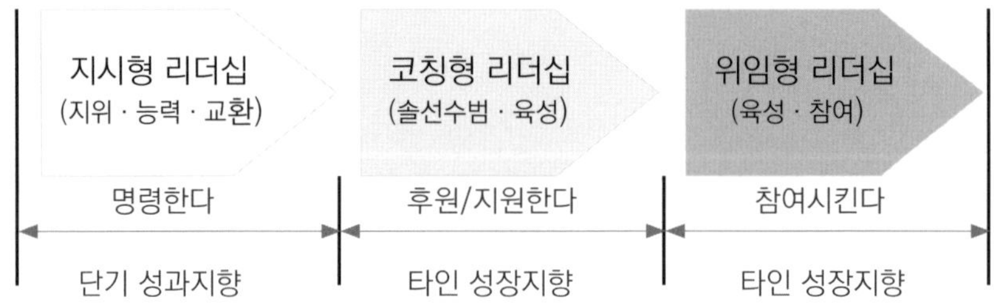

02

강력한 카리스마가 성과를 창출한다 '지시형'

——————— '지시형' 리더십이란 어떤 것일까? 결론적으로 말하면, 의사 결정의 주체가 리더 자신이 되어 상대의 행동을 구조화시키는 것으로 단기적 성과를 목표로 하는 데 효과적인 리더십 방법이다. 아래의 상황을 살펴보자.

당신은 워킹맘이다. 출근 전 초등학생 자녀에게 "엄마는 너를 믿으니 오늘 집에 오면 숙제도 열심히 하고, 방 정리정돈도 잘해 놓아야 해!"라고 말한다. 아이도 "네, 엄마."라고 힘차게 대답한다. 엄마가 기대하고 퇴근했더니 숙제와 방 정리정돈은커녕 아이는 간식거리를 벌려 놓은 채 거실에 누워 텔레비전에 정신이 팔려있어 엄마가 오는 것조차 모른다. 드디어 엄마가 들어온 것을 알아차린 아이가 기어들어가는 목소리로, "엄마! 이 예능 프로그램 재미있어요. 이것만 보고요."라는 말이 끝나기도 전에, 엄마는 핸드백을 소파에 던지면서 한마디로 상황을 정리한다. "꺼!" 혹은 "빨리 끄지 못해!" 이 상황을 엄마 입장에서의 리더십 차원으로 전환해보면 분명히 엄마는 아침에 아이에게 지시했고, 아이도 "네!"라고 시원스럽게 대답을 했으니 지시를 통한 좋은 성과를 기대할 수 있었지만, 결과는 예상과 다르게 흘러간 것이다. 또 다른 상황을 생각해 보자.

박 팀장이 해외출장 전에 부하 직원들을 모아 놓고 회의를 소집했다. 이번 달 매출 신장과 고객의 계약 해지율을 줄이기 위한 노력을 해달라는 취지의 지시를 했다. 그리고 일주일 후, 사무실에 복귀했더니 지난주 대비 매출 신장도 없고, 고객 해지율도 줄어들지 않아서 다시 직원들을 불러놓고 이야기한다. "내가 분명히 지난주에 지시했는데, 매출과 해지율 결과를 보니 여러분들에게 지시한 사항이 전혀 지켜지지 않아서 정말 실망스럽네요! 이래서 어디 내가 사무실을 비워 두고 출장을 다녀올 수 있겠습니까?"

지시형 리더십 발휘를 위한 기준

위에 소개한 두 가지 사례에 어떤 문제점이 있을까? 두 가지 상황 모두 무늬는 지시형 리더십 형태라고 말할 수 있겠으나, 바람직한 지시형 리더십은 아니다. 그렇다면 바람직한 지시형 리더십의 기준은 무엇일까?

리더의 기대와 목표를 명확히 해야 한다

워킹맘의 사례를 다시 보자. "방과 후에 숙제도 열심히 하고, 방 정리정돈도 잘해 놓아야 해."라는 엄마의 기대수준과 초등학생 아이의 수준은 그 기준 자체에서 차이가 있을 수 있다. 차라리 이 아이에게는 "수학 문제집 3 페이지를 풀고, 벗은 옷은 꼭 옷걸이에 걸어놓고, 텔레비전은 8시까지만 보기야! 간식 먹은 그릇은 미안하지만 꼭 싱크대 안에 놓고 물은 부어줘! 아들 잘할 수 있을 거야!" 이렇게 지시했을 때, 퇴근 후 아이의 모습은 어땠을까? 엄마 지시가 100% 달성되었을까? 꼭 그렇지는 않을 것이다. 회사에서도 상사의 지시가 직원들에게 100% 달성되지 않는데 가정에서는 더 어려운 일이 아닐까? 그러나 처음의 지시보다는 좀 더 향상되지 않았을까?

리더의 지시 자체에 대한 상대의 납득이 있어야 한다

주말에 열심히 공부하는 중학생 자녀에게 아버지가 말한다. "공부하는 것을 잠시 멈추고, 오늘은 큰아버지 집에 가자. 돌아가신 할아버지 첫 번째 기일이거든." 아들이 말하기를 "아빠 죄송해요! 다음 주가 중간고사라 아빠 엄마만 다녀오시면 안 될까요?" 다시 아버지의 말이 이어진다. "야 이 녀석아, 중간고사가 중요해? 할아버지 기일이 중요해? 빨리 따라 나오지 못해!"라는 아버지의 호통에 과연 아이는 큰 집에 갈까? 아버지에게 대들지 않는 아이라면 뾰로통한 채로 큰 집에 갈 수도 있을 것이다. 그런데 사실 아이는 두 가지 점에서 아버지의 말이 납득이 되지 않았다.

한 가지는, 아버지는 할아버지가 살아계실 때에는 생신이 되어도 큰 집에 가지 않았다. 또 한 가지는, 평소에 아이에게 '부모·형제를 제외하고 가끔 만나는 조부모는 가족의 범주에 들지 않는다.'라는 생각이 있었다면 돌아가신 할아버지 기일은 시험공부와 비교하여 우선순위에서 밀린 것이다. 이런 자녀에게 부모의 권위와 호통만으로 지시한다면 아이의 납득을 유도

하기는 쉽지 않을 것이다. 즉, 상사와 부모라는 역할이 원래 지시자이고, 자녀나 부하 혹은 조직의 구성원은 무작정 지시를 따라야 하는 이분법적 논리는 올바른 지시형 리더십이 아니다.

리더의 지시 사항에 대한 모니터링과 결과 확인이 중요하다

워킹맘은 퇴근 후에 반드시 아이가 실제 수학 문제집 3페이지를 풀었는지, 옷을 옷걸이에 걸었는지 등을 확인해야 한다는 것이다. 그리고 그 결과가 의심스러울 경우, 퇴근 전에 전화 등으로 한 번 정도 중간 모니터링을 하는 것도 좋은 방법일 것이다.

리더는 상대의 능력과 한계를 고려해야 한다

도무지 상대의 능력으로 수행할 수 없는 부분에 대한 지시는 오히려 상대의 포기와 반발을 살 수 있기 때문이다. 기업의 목표 수립과 관련하여 이런 조크가 있다. 너무 큰 목표는 부하(팀원)를 경악하게 하고, 너무 쉬운 목표는 부하(팀원)를 해이하게 하고, 평이한 목표는 경영진을 분노케 한다.

리더는 상대와 제대로 된 커뮤니케이션을 해야 한다

이 커뮤니케이션 방법은 이 책의 후반부 소통 부분에서 집중적으로 다루기로 하겠다.

지시형 리더십의 장단점

그렇다면 지시형 리더십의 장단점은 무엇일까? 다음의 사례를 통해 확인해 보자. 2014년 한국프로야구 시즌 종료 후, 김성근 전 SK 감독이 한화이글즈의 감독으로 부임하게 된 것이 큰 화제가 되었다. 한 가지 이유는 구단 프런트의 계획보다는 한화 팬들의 엄청난 지지와 구단에 대한 압박으로 감독 선임이 된 경우였기 때문이다.

또 다른 이유는 그의 감독으로서의 능력은 자타가 인정하지만, 강력한 카리스마를 바탕으로 한 리더십 스타일 때문에 구단 프런트와 대립각을 세운 전력이 있었고, 강한 훈련에 대한 선수들의 불만이 있었기 때문이었다. 그럼에도 불구하고 결국 한화 이글즈의 감독이 된 것은 몇 년간 꼴찌를 단골로 하는 한화 이글즈를 강력한 리더십과 훈련을 바탕으로 빨리 우승팀으로 키워달라는 구단과 팬들의 바람이 일치되었기 때문이었다. 결과는 아쉽게도 2015~2017년 한화의 성적이 기대 이하로 나와 그의 커리어에 오점이 남기는 했으나, SK 시절 한국시리즈를 세 차례나 제패했던 김성근 감독이야말로 스포츠계에서 자타공인 지시형 리더십의 전형일 것이다.

강력한 카리스마를 바탕으로 한 성과의 경험과 능력 있는 리더가 구성원을 컨트롤할 수 있다면, 단기간 내 성과 창출에 큰 장점이 될 수 있다. 사실 카리스마는 기적을 행하거나 미래를 볼 수 있는 혜안을 지닌 특별한 재능을 의미하는 것으로, 현 상태를 변화시키거나 위기를 극복하는 능력이 탁월한 리더들에게 나타난다. 물론, 카리스마를 바탕으로 한 지시형 리더십의 부정적인 측면도 존재한다. 상대가 리더에게 지나치게 의존하여 구성원의 자율성과 창의성이 떨어지며, 일방적인 통제로 판단하여 구성원의 반발을 사는 경우도 있다. 자칫하면 상호 간 불신의 벽이 높아져 리더를 적대시하는 경우도 발생할 수도 있다는 것을 간과해서는 안 될 것이다.

03

친근한 질문이 문제를 해결한다 '코칭형'

――――――― 텔레비전에서 방송된 <히든 싱어>라는 프로그램을 본 적이 있는가? 진짜 가수를 포함한 다수의 참가자가 커튼 뒤에서 원곡 가수의 노래를 하면 심사위원단이 진짜 원곡 가수를 찾아내는, 매우 독특한 형식의 흥미진진한 서바이벌 예능프로그램이다. 지금까지 이문세, 신승훈, 이선희 등 많은 곡을 히트시킨 대중가수들이 등장했다.

그 프로그램에는 이미 그 가수의 팬으로서 모창에 능통한 일반인들이 주로 출연한다. 아무리 모창 능력이 탁월하다 할지라도 모창의 한계가 있기에 원곡을 부른 가수를 따라 잡을 수는 없을 거란 생각이 들 것이다. 그러나 이 프로그램을 시청한 경험이 있는 사람이라면, 이 생각이 기우였다는 것을 아는 데는 그리 오랜 시간이 걸리지 않는다.

패널(심사위원)들이 1라운드부터 숨겨진 원곡의 가수를 찾는 것이 매우 어려웠고, 라운드가 거듭될수록 고도의 집중력에도 오히려 판독은 더욱 어려웠다. 상식적으로는 납득이 가지 않지만 실제로 발생한 일이었다.

왜 그랬을까? 여러 가지 이유가 있을 것이다. 심사위원과 시청자들은 귀로만 음악을 들어야 한다는 것, 숨겨진 원곡을 부른 가수(히든싱어)와 함께 여러 명이 소절을 나누어 부른다는 한계점이 있다는 것, 그리고 무엇보다 10년 이상된 원곡의 음색과 가수의 현재 목소리가 일치하지 않는다는 것 등이 진짜와 가짜를 판별하는 데 어려움을 겪는 요인들이다. 그러나 이런 것들 이외에도 간과할 수 없는 또 다른 이유는 그 프로그램에는 원곡가수를 모창하는 출연자들을 집중적으로 코칭하는 보이스 트레이너가 있다는 점이다.

그들은 출연진에게 방송 전까지 원곡가수의 음색, 습관 등을 집중적으로 훈련하고 코칭한다. 때로는 트레이너 본인이 시범도 보이고, 그 가수의 영상도 반복적으로 보여주며, 출연자의 노래 영상을 녹화하여 시청하게도 한다. 어쩌면 오랜 기간 그 가수를 모창했던 출연자의 실력은 트레이너의 코칭 전부터 이미 상당한 수준에 올라 있을지도 모른다. 그러나 보이스 트레이너의 집중적인 연습과 체계적인 코칭을 통해 그의 실력은 일취월장했고, 실제 방송에서 수많은 시청자와 심사위원들을 경악시켰을 것이다. <히든싱어 2>에서 일반 출연자에 밀려 가수 신승훈 씨가 탈락한 경우도 있었으니 그저 놀라울 따름이다. 이렇듯 체계적인 보이스 트레이너의 코칭은 출연자들의 능력을 향상시키고 그들이 프로그램의 또 다른 주연이 되도록 도움을 준 것이다.

그렇다면 '코칭(coaching)'의 유래는 어디에서부터 출발했을까? 코칭은 마차로 번역되는 '코치(coach)'에서 그 어원을 찾을 수 있다. 마차는 누군가를 태워 그가 원하는 목적지까지 안전하게 운반해주는 승합 기능을 가지고 있다. 아마 코칭도 이 마차의 기능처럼 상대방을 원하는 목적지에 안착시키고자 하는 의미가 있을 것이다. 사실 코치나 코칭은 비즈니스보다는 스포츠에 훨씬 어울리는 단어이다.

2019년 예능 블루칩으로 화제가 되고 있지만 과거에는 농구 대통령으로 불리던 허재 전 감독도 은퇴를 앞두고 한 프로농구팀에서 플레잉 코치(선수 겸 코치)를 역임했고, 축구 스타 최용수(2019 서울 FC 감독)나 서정원(전 수원 블루윙즈 감독)도 선수 시절 팀의 플레잉 코치로 활동하며 선수들에게 형님 리더십과 코칭 리더십의 진수를 보여 왔다(물론 허재는 감독 시절 카리스마를 바탕으로 한 지시형 리더십의 표본이라 할 수 있다). 이런 스포츠에서의 코칭이 일반 기업이나 조직에서 리더십의 중요한 방법으로 벤치마킹된 것이다. 그렇다면 코칭을 어떻게 정의하면 좋을까?

> 코칭이란 "① 성과 향상, ② 지속적인 변화, ③ 자발성 극대화를 목적으로 선후배 혹은 동료 간에 이루어지는, ④ 1:1 커뮤니케이션 스킬이며 또 질문 스킬이다."

이 정의에서 ①, ②, ③은 코칭의 목적이라 할 수 있고, ④는 코칭의 수단이다. 코칭의 수단인 커뮤니케이션 스킬 관련 세부 내용은 이 책의 후반부에서 다루기로 하고, 여기서는 효과적인 코칭을 위한 전제 조건과 코칭 프로세스를 중점으로 이야기하겠다.

코칭의 전제 조건

당신이 경험할 수 있는 한 가지 사례를 제시하겠다.

> 당신은 후배 도민준 씨가 충분히 수행할 수 있을 것이라는 판단하에 과업을 맡겼다. 그런데 도민준 씨는 자신이 그 일을 할 수 있을 것이라는 확신을 못 하고 매우 불안해하는 것 같다. 어떻게 하면 그가 주어진 과업을 충분히 해낼 수 있을거라고 스스로 확신하도록 코칭할 수 있겠는가?'

이 사례를 통해 효과적인 코칭을 하기 위한 전제 조건을 살펴보기로 하자. 우선 후배 도민준 씨가 과업을 충분히 수행할 수 있다는 생각으로 과업을 맡긴 당신의 최초 판단을 존중한다. 그리고 이 최초의 판단이 불안해하는 도민준 씨를 보면서도 계속적으로 변경되지 않기를 바란다. 왜냐하면 효과적인 코칭의 첫 번째 조건은 상대의 잠재된 발전 가능성을 인정하는 것이기 때문이다. 도민준 씨에 대한 믿음을 잃게 되었을 때 더 이상의 코칭은 존재하지 않으며, 어쩌면 그 일을 당신이 직접 처리하거나 다른 사람에게 맡기는 편이 더 효과적이기 때문이다.

두 번째 조건은 문제의 해결책을 상대(도민준 씨)가 갖고 있다는 전제가 필요하다. 이것은 어떤 의미일까? 나는 골프를 늦게 배운 편이다. 차일피일 미루다 45세가 되어 골프를 처음 접하게 되었다. 유연성도 많이 떨어진 데다, 발로 하는 운동은 익숙했지만 손으로 하는 운동이 그리 만만하지는 않았다. 그러기에, 골프 연습장에서 골프 코치로부터 레슨을 받는 자체가 새로운 도전에 대한 즐거움보다는 스트레스였다. 더군다나 골프장에서 처음 접한 골프 코치는 내가 지금 말하고자 하는 코칭의 두 번째 전제 조건과는 완전히 동떨어진 사람이었다.

처음 아이언샷이나 드라이버샷을 배울 때 코치는 내가 그의 지도처럼 바로 잘해내기를 원했겠지만, 초보자에게는 만만치 않은 일이었다. 시간이 지날수록 내 자세나 스윙 등을 바르게 교정해주기보다는 자신이 직접 여러 번 스윙하는 모습을 보이며 '이게 그렇게 어려워요?'라는 등의 핀잔을 주기 일쑤였다. 나의 자신감은 당연히 떨어지게 되고 코치가 직접 스윙하는 횟수가 많아지니 자세와 스윙 교정보다는 그와 필드에서 동반 라운딩을 하면서 대신 스트로크를 요청하는 것이 좋을 것 같은 생각도 들었다.

골프는 코치가 아닌 골퍼인 내가 치는 것이기에 해답도 골퍼 자신이 갖고 있어야 하는데, 아쉽게도 내가 처음 경험한 골프 코치는 코칭의 두 번째 전제 조건을 잊고 있는 듯했다. 그 후로 몇 년간 골프를 멈춘 후, 2019년 하반기에 만난 새로운 레슨 코치는 다행스럽게도 첫 번째 코치와는 전혀 다른 코칭으로 내 코칭 리더십 강의의 긍정적 사례로 등장하고 있고, 나 또한 즐겁게 레슨을 받고 있다. 더욱 친근한 멘트와 나의 신체조건에 맞는 방법, 더불어 문제점을 스스로 깨닫게 하는 다양한 질문까지 여러모로 첫 번째 코치와는 대비되었다. 덕분에 골프 실력도 많이 좋아졌다. 여하튼 코칭의 두 번째 전제 조건을 도민준 씨 사례에 적용하면 도민준 씨의 심적인 불안감조차도 결국은 그가 해결해야 한다는 것이다.

그렇다면 리더인 당신은 도민준 씨에게 어떤 존재인가? 어쩌면 당신은 그보다 업무 경험이 훨씬 많고 지위도 높기에, 해결책 또한 당신 자신이 가지고 있다고 생각하는 것이 당연할 수도 있다. 그러나 분명히 말하지만, 문제의 해결책은 도민준 씨가 갖고 있다. 당신은 그가 스스로 해결책을 찾는 데 도움을 주는 최고의 조력자여야 한다. 당신이 해결책을 찾고자 한다면 이것은 코칭이 아니라 주입식 티칭(가르침)에 불과한 것이다. 따라서 세 번째 코칭의 전제 조건은 리더는 상대가 해답을 찾는 데 도움을 주는 친근한 조력자 역할을 수행해야 한다는 것이다.

코칭의 프로세스

코칭의 궁극적인 목적은 상대의 자발성에 근거한 성과향상과 지속적인 변화라고 했다. 이것을 다른 말로 하면 질문을 통해 '누군가에게 특정 사안이나 문제 해결에 대한 능력을 소유하게 하는 것이다.'라고 해도 무방할 것이다. 코칭의 목적과 앞서 언급한 코칭의 전제 조건 세 가지를 완벽하게 암기했다고 코칭의 결과물을 얻을 수는 없다. 가장 중요한 것은 당신이 효과적으로 코칭을 실천해야 하며, 그 실천의 핵심은 코칭 프로세스(절차)를 습득하는 것이다.

일식당에서 활어회를 주문한 경우를 생각해보라. 손님의 가장 큰 기대는 싱싱한 활어회를 먹는 것이며 요리사 역시 싱싱한 활어를 제공하기 위해 최선을 다하지만, 그 어떤 요리사도 손님에게 활어회를 가장 먼저 제공하지는 않는다. 우선 손님의 입맛을 돋우기 위한 곁들이 찬 등을 먼저 제공한다. 그다음이 주요리인 활어회가 나오고, 마지막으로 커피나 과일 등의 후식이 제공되기 마련이다. 만약 어떤 손님이 입맛을 돋우기 위해 제공된 옥수수 콘이나 김치전 등의 전식을 리필해서 많이 먹게 된다면, 정작 주요리인 활어회를 남기거나, 그 싱싱한 회를 매운탕에 넣어 먹는 우스꽝스러운 상황도 발생할 수 있을 것이다. 주객이 전도될 수도 있다는 말이다. 즉, 활어회 정식이나 양식 코스요리에도 전식, 메인, 후식의 순서가 있는 것처럼 코칭에도 단계와 순서(프로세스)가 있어야 한다.

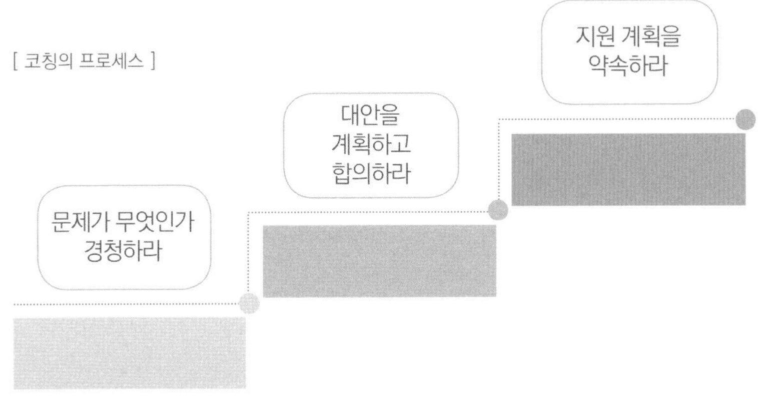
[코칭의 프로세스]
문제가 무엇인가 경청하라
대안을 계획하고 합의하라
지원 계획을 약속하라

1단계 : 문제가 무엇(what)인가 경청하라

다음의 사례를 통해 코칭 프로세스 1단계를 확인해 보기로 하자.

1. 당신이 후배 직원의 기획안을 검토해 보니 여러 부분이 마음에 들지 않는다. 당신은 잘못된 부분을 하나하나 지적하며 해결책을 제시했고, 후배 직원은 상사인 당신이 수정한 대로 다시 기획안을 제출하겠다고 한다.
2. 당신의 중학생 자녀는 학교에 갈 때 붙박이장 문을 닫지 않고 등교한다. 당신은 학교에 가는 아이를 현관문에 세워 놓고 야단을 치며, 제대로 닫고 가라고 이야기하지만 아이는 늦었다는 이유로 영혼 없는 대답을 하며 학교로 쏜살같이 향한다.

이 두 가지 사례에서 중요한 것은 상대방의 문제점이 무엇(What)이며, 그 문제점이 발생한 원인(why)을 상호 간에 교감하는 것이다. 그러므로 이 단계에서의 핵심적인 코칭 포인트는 당신이 생각한 문제에 대해 상대를 추궁하기보다, 발생한 문제에 대해서 상대에게 애로 사항에 대한 항변의 기회를 주어 문제와 원인을 파악하는 것이 우선되어야 한다.

어떤 조직이든지 인사위원회를 개최해서 징계 절차를 밟을 때도 반드시 해당자에게 서면 혹은 출석해서 소명의 기회를 부여하고 있다. 이처럼 문제와 애로 사항이 무엇인지 상대의 소명에 귀를 기울인다면, 기획안을 검토하는 상사에게 자신의 기획서가 완벽하다고 강력하게 주장하는 부하는 드물 것이며, 아이 역시 붙박이장 문을 닫지 않고 등교하는 자체가 올바른 행위라고 고집을 피우는 경우도 없을 것이다.

물론 문제점에 관해 이야기를 나누는 시점도 고려해야 한다. 일반적으로 문제가 발생한 순간 코칭이 이루어지는 것이 효과적일 수 있으나 첫 번째 사례는 기획서 검토 중에 이루어져야 하고, 두 번째 사례는 바쁘게 등교하는 아이를 현관 앞에 세워놓고 코칭하는 것보다, 하교 후에 아이에게 코칭하는 것이 효과적이다. 중요한 것은 코칭 1단계에서 상사는 왜 기획서 내용이 부실해졌고, 부모는 아이가 왜 붙박이장 문을 닫지 않고 학교에 가는지에 대한 문제의 원인을 구체적으로 파악해야 한다는 것이다.

어쩌면 아이는 붙박이장 문을 열어 놓고 등교해도 하교 후 집에 돌아와 보면, 엄마가 아무 말 없이 말끔히 정돈해 주기 때문에 문제에 대한 심각성을 인지하지 못했을 수도 있다(때에 따라 붙박이장 문을 열고 학교에 가는 이유가 환기를 위한 것일 수도 있다). 이처럼 시간의 촉박함, 기획서 작성 방법의 문제, 생활 습관 우선순위의 문제 등은 그 문제점과 원인을 파악해야 해결책을 찾을 수 있다.

코칭 스킬은 커뮤니케이션 스킬이며 그 핵심은 질문 스킬이라고 했다. 결국, 코칭 스킬을 한마디로 하면 곧 질문 스킬이다. 그렇다면 코칭 프로세스 1단계에서 효과적인 코칭을 위한 질문은 어떤 형태가 좋을까? "김 대리, 이 기획서 작성하느라 수고했네. 그런데 혹시 좀 더 보완할 점은 없을까?", "아들, 학교 갈 때 침구 정리를 안 하고 장문을 열어 놓고 가면 어떤 문제가 있을까?" 혹은 "아들, 침구 정리정돈을 안 하고 등교하는 이유가 뭔지 엄마에게 말해 줄 수 있겠니?" 등의 질문이 코칭형 질문이라고 할 수 있다. 평상시 당신의 리더십 습관과는 다른, 쉽지 않은 질문들이지만 노력이 필요하다.

여기서 한 가지 조심해야 할 대표적 질문 형태는 "내가 전에 말했어, 안 했어, 도대체 정신이 있는 거야 없는 거야!" 식의 심문을 가장한 질문이다. 만약 당신이 코칭 1단계를 제대로 실천할 수만 있다면 당신의 코칭은 80% 이상 성공했다고 해도 과언이 아니다. 그러나 이와 반대로 당신의 눈과 귀에 거슬리는 하나하나를 상대방에게 세밀하게 지적하고, 그 자리에서 당신이 모든 해결점을 내놓는 순간 코칭 리더십은 당신과 이별을 하게 될 것임을 기억하기 바란다.

2단계 : 대안을 계획하고, 합의하라

코칭의 전제 조건 두 번째를 기억하는가? 해답은 상대방이 가지고 있다고 했다. 그러므로 문제점과 원인을 상호 교감을 통해 확인했다면 이제는 문제점 개선을 위한 해결점을 찾아야 한다. 상호 100% 만족하는 해결점을 찾는 것이 현실적으로 불가능하다면 최적의 대안을 찾고 또 합의해야 한다. 거듭 강조하지만, 당신은 상대가 자발적으로 해답을 찾는 데 도움을 주는 지원자이자 조력자이므로 상대의 아이디어와 견해를 먼저 확인해야 한다.

2단계를 통해 당신의 부하는 "기획서 작성 방법에 대한 교육을 수강하고 싶습니다."라는 생각을 말할 수도 있다. 당신의 자녀는 "붙박이장 문이 미닫이문이라 불편하니, 여닫이문으로 교체해주세요." 혹은 "엄마(아빠)가 조금만 더 일찍 깨워주세요. 아침 시간이 여유 있으면 정리정돈 후 등교가 좀더 수월해질 거예요." 등의 해결책이나 대안을 내놓을 수도 있을 것이다. 물론 당신의 질문에도 부하나 자녀가 특별한 대안을 말하지 않는 경우, 당신의 경험과 노하우를 통한 대안을 말해 줄 수도 있다.

2단계에서 상대의 다양한 답변을 기대할 수 있는 효과적인 코칭 질문은 "김 대리, 판촉 기획을 위한 또 다른 방법이나 예산 편성의 다변화 방법은 어떤 것이 있을까?", "아들, 학교 가기 전 침구 정돈을 잘하고, 또 붙박이장문을 닫고 가려면 어떻게 해야 할까? 등이다.

3단계 : 지원 계획을 약속하라

상대와 합의한 해결책이나 대안에 대해서는 어떻게 할 것인가? 상대가 최선을 다해서 실천할 수 있도록 지켜만 볼 것인가? 아니다. 코칭 리더십을 다른 말로 표현하면 후원적 리더십이라고도 할 수 있다. 그러므로 3단계에서는 상대를 위해 당신이 도울 수 있는 것들을 질문하고, 특별한 요청이 없을 경우 지원할 수 있는 부분에 대해 역제안하는 방법도 괜찮을 것이다. 김 대리를 판촉 트렌드 파악을 위해 선진 업체 벤치마킹에 참가시킨다거나 판촉 프로그램 공개 교육과정을 듣게 할 수도 있다. 또는, '판촉 예산 증액을 위해 리더인 당신이 CEO를 설득하겠다.'라는 상사로서의 지원 가능한 계획을 약속해 주는 것도 있을 것이다.

아이가 등교할 때 붙박이장문을 열어놓고 가는 이유를 코칭 1, 2단계에서 확인해 보니 등교 시간에 쫓기고, 붙박이장 문이 미닫이문이라 빠르게 닫는 것이 어렵다는 것을 알게 되었다고 하자. 이런 경우, 아침잠이 많은 아이를 좀 더 일찍 깨우기 위한 부모의 노력이나, 등교 전날 준비물을 완전히 갖추고 잠자리에 들 수 있도록 부모로부터 확인 절차를 밟게 하는 것도 일종의 지원 계획이 될 수 있다. 또 할 수만 있다면 가계 예산이 허락하는 범위 내에서 붙박이장 문을 미닫이에서 슬라이딩식의 여닫이로 교체하는 것도 지원 계획의 하나이다.

3단계에서의 코칭 질문의 예로는 "김 대리, 내가 무엇을 도와주면 좋을까?", "아들, 아빠(엄마)가 무엇을 도와주면 좋을까?", "나는 김 대리(혹은 아들)에게 ○○○의 지원과 도움을 줄 수 있는데 자네(혹은 아들) 생각은 어떤가?" 등이 효과적일 것이다. 그리고 마지막으로 상대와 대화한 부분에 대해 "함께 이야기할 수 있어 좋은 시간이었네!" 혹은 "아들, 엄마와 이야기 나눠줘서 고맙고, 엄마(아빠)는 네가 앞으로 생활 습관이 더 좋아질 수 있으리라 생각해!" 등으로 코칭을 마무리 짓는 것이 좋다

이것만은 꼭 기억하길 바란다. 코칭 리더십의 프로세스 1단계는 코칭을 위한 상대의 상황의 문제를 경청을 통해 파악하고, 2단계는 문제 해결을 위한 대안에 대해 합의하고, 3단계는 지원 계획을 약속하고, 추가적으로 그 결과에 대한 코치로서의 확인과 점검 과정이 따르면 금상첨화일 것이다. 물론 이 과정에는 상대의 잠재된 발전 가능성을 인정하고 다양한 의견과 해결책을 스스로 찾게 하는 친근한 질문이 필요함은 두말할 나위가 없다.

코칭형 리더십의 장단점

코칭의 전제 조건을 바탕으로 한 코칭 프로세스 활용으로 코칭형 리더십이 제대로만 발휘된다면 리더에게는 ① 리더의 지식과 업무 노하우가 구성원들에게 공유되며, ② 리더와 구성원 간 수평적 대화로 조직 전체가 유연하게 될 수 있다. 부하(후배)는 ① 상사(선배)로부터 코칭 받은 분야에 대한 업무역량 증진, ② 긍정의 태도를 보이게 되고, ③ 문제 해결능력이 향상되며, ④ 성장과 육성 기회 증진으로 조직 잔류 가능성이 높아질 수 있다. 그러나 단점으로는 ① 조직이 큰 경우에는 코칭이 1:1 관계에 기반을 둔 것이므로 개별 코칭으로 개인에게 투자하는 시간이 확대되어 전체 조직관리에 균형이 깨질 수 있다. ② 업무 충실도와 조직 충성도가 저하된 구성원의 경우 리더의 노하우만 습득하고 퇴사하게 될 때, 조직에 손실이 발생할 수 있다(물론 이런 구성원에게는 지시형 리더십 가미로 통제와 관찰을 통해 그들을 세세하게 관리할 필요도 있다).

실천 과제 [3.3.1]

당신은 영업팀장이다. 입사 당시 팀 분위기 메이커였던 6개월 차 신입사원 Y 씨는 3개월 연속 매출 실적 부진으로 표정이 어두운 것은 물론, 자존감도 매우 상실된 것 같다. 다른 직원들의 말을 들어보니 입사 3개월 동안, 주변 지인 등을 활용한 영업 실적이 한계치에 이른 듯하다. 팀장으로서 Y 씨를 코칭 프로세스에 의해 어떻게 코칭할지 작성해 보라.

- 1단계 : 문제가 무엇(what)인가 경청하라.
  →
- 2단계 : 대안을 계획하고, 합의하라.
  →
- 3단계 : 지원 계획을 약속하라.
  →

04

우수한 사람을 모으는 힘 '위임형'

———————— 필자의 아들은 축구선수였던 고등학교 3학년 여름, 짧은 특별휴가 기간을 이용하여 운전면허를 취득했다. 내 기억이 정확하다면 아들은 필기시험과 주행 연습을 포함해서 2종 보통 면허를 5일 만에 속성으로 취득한 것 같다.

나는 그 이후부터 아이가 휴가를 받아 집에 올 때마다 운전대를 맡겼다. 그런데 그 결정과 함께 나에겐 불안감도 동시에 엄습해 왔다. 그래서 나도 모르게 아이의 운전 습관에 대해 잔소리를 하게 되었다. '좌회전 시에는 반드시 신호를 미리 넣을 것!', '급발진과 급제동은 하지 말 것!', '급차선변경은 하지 말 것!', '앞차에 너무 접근하지 말 것!' 아이는 1년여 동안은 상당부근 수긍을 한 것 같다. 그런데 이런 잔소리가 가미된 조언에도 긍정적이던 아이가 언제부터인가 반발을 하며, 급기야 "앞으로 저는 운전을 안 할 테니까 아빠가 하세요."라는 선언을 한 적도 있었다. 또 본인의 운전 실력이 매우 좋아진 후에는 반대로 아빠의 운전 방식에 대해 본인이 받은 것 이상으로 핀잔을 주고, 보복한 적이 여러 번 있었다. 그 이유가 무엇이었을까? 생각해 보니 나의 위임의 태도에 문제가 있었다는 생각이 들었다. 반대로 내가 제대로 위임했더라면 아들에게 내 운전 방식에 대해 핀잔을 듣는 일은 없지 않았을까? 그렇다면 이 문제를 바로잡기 위한 바람직한 위임의 태도 혹은 위임을 위한 올바른 철학에 대해 생각해 보기로 하자.

위임을 위한 리더십 철학

위임을 위한 철학 제1법칙으로 '의인물용(疑人勿用) 용인물의(用人勿疑)'라는 중국 고사성어를 인용하고자 한다. '의심나는 사람은 쓰지 말고, 한번 쓴 사람은 의심하지 마라.'라는 의미이다. 아들에게 운전대를 맡겼다는 자체는 내가 아이의 운전 실력을 믿었다는 것이다. 그런 생각이 아니었다면 생명을 담보로 운전을 대신 하게 할 수는 없다. 위임은 상대의 능력을 신뢰하는 것이다. 믿을 수 없다면, 아들 말처럼 아빠인 내가 운전을 하면 된다. 물론 아들이 운전한 지 7년이 넘은 지금은, 아이가 운전할 때 사사건건 잔소리하지는 않는다. 아들도 운전면허를 취득한지 1달이 되지 않아 단순 접촉사고를 일으키긴 했으나, 지금은 가끔 하는 운전이지만 단 한 건의 접촉사고 없이 안전운행을 잘하고 있기 때문이다. 휴가 때 아들이 운전하는 차에 앉아 있노라면 나는 참 행복한 사람이라는 생각이 든다. 당신도 면허를 취득한 자녀나 가족이 의심스러우면 당신이 스스로 운전을 하든, 아니면 운전을 맡겼다면 지금의 나처럼 편안함과 행복감을 느끼면서 승차하길 바란다.

위임을 위한 철학은 운전에만 국한된 것은 아니다. 당신이 조직의 관리자라면 부하의 실무 능력에 대해 어떤 생각이 드는가? 100% 만족하는가? 당신이 속한 공동체나 모임의 임원들이 하는 일을 보면 어떤 생각이 드는가? 특히 당신이 그 모임의 전임 임원이었다면 어떤 생각이 드는가? 당신이 현역에서 스타플레이어 출신으로 활약하고 이번에 프로스포츠팀 감독으로 처음 부임했다고 가정해보라.

선수들이 운동장에서 경기하는 모습을 보면 그들의 플레이에만 감동이 밀려올까? 실제로 前 축구스타인 황선홍 감독이 부산 아이파크 감독으로 처음 부임했던 시즌, 선수들의 경기 모습을 보면 계속 벤치에서 두문불출하며 선수들의 경기력에 많은 실망을 했다고 한다. 문제는 이런 모습이 경기 중에 그대로 선수들에게 전이되어 팀 승리에 도움이 아닌, 계속된 경기 패배와 함께 팀 리그 순위 하락으로 이어졌다는 것이다. 은퇴한 지 얼마 안 되는 스타 선수 출신의 눈에 비친 현역 선수들의 모습은 얼마나 답답했겠는가?

몇 년 후, 그런 그가 리더십 스타일을 바꿔 포항 스틸러스 감독으로 부임하여, 팀을 FA컵에서 우승시키는 등 지도자로서의 관록도 쌓게 되었다. 실무진으로 근무할 당시 신화적 인물로 촉망받던 당신이 관리자가 되었을 때, 당신의 눈에도 후배 직원의 업무가 매우 답답해 보였을지도 모른다. 어쩌면 당신은 당신이 속한 모임의 집행부 임원들의 의사결정 방식에 거부감이 있을지도 모른다. 그러나 아쉽게도 운동장에서 경기하는 것은 감독이 아닌 선수들이고, 실무 담당자는 당신의 부하(후배) 직원이다. 그러므로 당신이 위임형 리더십을 선택하여 믿고 맡겼으면 그의 능력을 의심하지 말고 기다려 주어야 한다. 그것이 싫다면 다시 현역 선수로 등록해서 선수 대신 뛰거나 실무자로 돌아가야 한다. 물론, 이러한 위임의 철학은 위임받은 리더들이 조직구성원들을 그릇된 방향으로 안내하거나 위임한 상대를 무시한다거나, 아니면 리더 마음 가는 대로 조직을 좌지우지한다는 것을 의미하지는 않는다.

위임을 위한 철학 제2법칙은, 위임은 단순한 권한 위임(delegation)이 아니라 임파워먼트(empowerment)로 확대해야 한다는 것이다. 영어를 한국어로 번역하면 'delegation'이나 'empowerment' 두 단어 모두 권한 위임 혹은 권한 부여 등의 의미로 쓰이는 경우가 있다. 그러나 리더십에서의 진정한 권한 위임은 'delegation'이 아니라 '임파워먼트(empowerment)'라고 할 수 있다. empowerment의 'em'은 'A 안으로 B를 집어넣는다.'라는 접두사이다. 말 그대로 누군가에게 힘과 능력을 불어넣는다는 의미를 내포하고 있다. 그렇다면 진정한 의미의 임파워먼트는 단순하게 누군가에 맡기는 위임이 아니다. 단순히 맡기는 것은 리더 본인이 그 일이 귀찮아서 그렇게 하는 경우도 있고, 방관자적 자세이거나 리더십의 위임을 제대로 이해 못한 경우도 많다. 진정한 위임, 즉 임파워먼트는 위임하고자 하는 분야에 있어서 ① 상대를 제대로 교육(혹은 훈련)하고, ② 상대에게 권한을 위임하고, ③ 상대가 위임받아 수행한 결과에 대해서 최종적으로는 리더가 책임을 지는 3가지가 균형을 이루어야만 제대로 된 임파워먼트가 이루어졌다고 할 수 있다.

R 호텔에서 있었던 일이다. 고객 불만이 발생했을 때, 일일이 상부에

보고하여 처리하는 데는 시간도 오래 걸리고, 시간 지연으로 인한 고객의 2차 불만이 생길 가능성도 존재한다. 고객 불만처리 절차와 시간은 호텔의 중요한 서비스 지수 가운데 하나이므로, 호텔의 관리자는 모든 접점 직원을 상대로 고객 불만 처리 화법부터 매너까지 체계적으로 교육하고 훈련시켰다. 그리고 절차 간소화를 위해 실무 접점 직원이 상사에 보고하지 않고, 직접 처리할 수 있는 권한을 부여했다. 예를 들면 고객 불만 처리 비용을 10만 원 이하에 한해 선조치하고, 상사에게 후보고하는 식의 권한을 위임한 것이다. 그리고 고객 불만처리 결과에 대한 평가 결과를 인사고과에 반영하여 보상제도를 만들어서 모든 직원이 공유했다. 이 호텔의 효과적인 위임형 리더십 발휘의 결과로 호텔의 고객만족도는 향상되고, 접점 실무직원들의 업무 능력도 향상되었다고 한다.

위임형 리더십의 장단점

위임형 리더십 발휘가 정착된다면 어떤 효과가 있을까? 우선 리더 자신에게 도움이 될 수 있다. ① 리더 자신이 또 다른 새로운 일을 찾을 수 있다. ② 특정 구성원에게만 집중하는 것이 아닌, 전체 조직관리에 힘을 가할 수 있다. ③ 구성원에게 위임을 통한 성과창출로 리더 자신에게도 승진의 기회가 확대될 수 있다. ④ 무엇보다 위임형 리더십은 부하(후배, 조직구성원)를 육성하기 위한 좋은 방법이 될 수 있다는 것이다.

그렇다면 반대로 위임 받은 구성원(부하/후배)에게는 어떤 효과가 있을까?

① 리더가 본인을 신뢰하고, 위임했다는 자체에 대한 내적 동기부여 요소가 될 수 있다. ② 창의적 업무수행과 기술개발에 대한 잠재 가능성을 향상시킬 수 있다. ③ 보고 시간의 단축으로 업무추진에 대한 시간 단축이 가능해진다. ④ 자신의 의사결정 역량을 강화할 수 있다. ⑤ 리더의 단순한 위임을 넘은 임파워먼트를 위해 교육과 훈련의 기회가 확대되어 육성의 가능성이 커질 수 있다. 그러나 위임형 리더십의 단점도 존재한다. ① 위임받은 구성원과 그렇지 않은 구성원 간에 보이지 않는 위화감이나 갈등이 생길 수 있다(리더가 특정 구성원만 믿고, 위임하는가에 대한 불만 가능성). ② 위임받은 구성원이 리더의 존재 자체를 망각하거나, ③자만심이 극대화되어 상하간의 관계를 망각하는 경우도 존재할 수 있다는 것이다. 자율에 기초한 위임과 구성원의 방종은 엄격히 구분되어야 한다.

위임에 실패하는 리더들의 하소연

위임형 리더십 발휘가 리더와 부하/후배(구성원) 모두에게 효과가 있음에도 불구하고, 왜 위임형 리더십 발휘가 어려운 것일까? 위임에 실패하는 리더들의 하소연을 들어 보자. “내가 직접 업무를 수행하는 것보다 부하(후배)들에게 설명하는 데 시간이 더 많이 걸립니다.”, “그들을 교육하고 훈련하는 데 시간과 비용이 많이 발생합니다.”, “부하(후배)들은 지식과 경험이 부족합니다.”, “내가 맡은 직위로 더 빨리 의사결정을 내릴 수 있습니다.”, “부하(후배)들은 더 많은 책임을 수용할 준비가 부족합니다.”, “내가 위임하고

나면, 나는 뭘 해야 하죠?", "만약 위임으로 부하가 실수해서 결과가 좋지 않으면 어떡하나요?" 그리고 농담 반 진담 반으로 건넨 말 중에는 "위임 받은 업무에 대해서 부하(후배)가 고 성과를 창출해서 나보다 빨리 승진하거나 나와 동등해지면, 나는 어떻게 하나요?"

솔직히 필자도 기업체에서 팀장과 부서장으로 근무할 때, 이런 유사한 생각들을 한 적도 있었다. 물론 조직에서 근무하고 있는 현재의 리더들은 이와 같은 걱정을 포함한 하소연을 더 자주 하곤 한다. 그런데 이들의 하소연 혹은 변명을 들으면서 반드시 간과해서는 안 될 두 가지가 있다. 그 첫째는, 앞서 언급한 것처럼 위임받은 부하(후배)의 실패는 그의 몫이 아닌, 리더 자신의 몫이라는 것이다. 마치 스포츠 경기와 전쟁에 패한 감독과 장수가 선수와 병사들에게 실패의 책임을 전가하는 것은 바람직한 리더의 자세가 아닌 것과 같다. 두 번째로, 위임형 리더십은 부하(후배)의 능력이 당장은 부족(능력이 전혀 없는 사람이 그 조직에 채용되지 않았음을 전제)할지라도, 시간과 비용을 투자해서 그들을 육성하는 좋은 수단이라는 것이다. 리더 자신보다 능력이 더 탁월한 부하(후배)를 육성하는 것이 리더의 진정한 모습이 아닐까? 세계적인 강철왕이자, 카네기 과학센터와 카네기 공과대학(현 카네기 멜론대학)을 설립한 앤드루 카네기(Andrew Cannegie)의 묘비에는 이렇게 쓰여 있다고 한다. '자신보다 우수한 사람들을 자기 곁에 모을 줄 알았던 사람이 여기에 잠들다(Here lies a man who was wise enough to bring into his service men who knew more than he). 만일 위임형 리더십 발휘가 어려운 여러 가지 이유를 찾고자 하는 당신이라면, 앤드루 카네기의 묘비명을 기억하면서 그 노력에 스스로 제동을 걸기를 기대한다.

어디서부터 위임할 것인가

실제로 부하(후배)의 능력이 객관적으로 부족하거나 시간이 절대적으로 촉박하거나 아니면 조직의 심각한 위기상황으로 위임이 어려운 경우도 분명히 있다. 그렇다면, 위임형 리더십을 발휘하기 위한 시작은 어디서부터가 좋을까?

우선 다음과 같은 상황에서 위임을 시도하기를 권한다. ① 부하(후배/구성원)가 조직목표를 공유하고 있다. ② 리더와 구성원간 정보가 공유되어 있거나 대화를 통해 정보공유가 가능하다. ③ 리더 혼자 비밀스럽게 결정할 사안이 아니다. ④ 선호하는 해결책을 둘러싸고 부하(후배/구성원)들 사이에 갈등이 있다. ⑤ 훈련과 가르칠 만한 시간적인 여유가 있다. ⑥ 부하(후배/구성원)에게 능력이 있다. ⑦ 만일 실패할 경우라도 큰 위험부담이 없다. 지금 설명한 부분부터 위임을 시도한다면, 당신의 위임형 리더십 수준은 분명히 향상될 것이다.

05

누구를 위한 리더십인가

지금까지 3가지 리더십 유형에 대해 알아보았다. 그렇다면 당신은 객관적으로 어떤 리더십 유형에 가까울까? 아래의 문항들은 당신이 부하, 후배, 동료, 가족 등 다양한 이해관계자들에게 어떤 유형의 리더십을 발휘하고 있는가를 알아보기 위한 30개의 질문으로 구성되어 있다. 우선 당신의 리더십 발휘 대상에 v표하기 바란다. 지금부터 자신의 평상시 리더십에 대해 생각해 보고, 솔직하게 응답해 보자.

[리더십 발휘 대상]
부하(　　　) 후배(　　　) 동료(　　　) 공동체(　　　) 회원(　　　)

[평가 기준]
매우 그렇다(3점) 거의 그렇다(2점) 약간 그렇다 1(점)
거의 그렇지 않다(0점)

1. 나는 상대가 일을 훌륭히 수행할 수 있음을 말해준다. (   )
2. 나는 상대 스스로 능력을 발휘할 기회를 부여한다. (   )
3. 나는 효과적으로 가르치기 위해서 구체적인 지시를 내리는 편이다. (   )
4. 나는 질문식으로 상대와 대화한다. (   )
5. 나는 상대에게 업무 수행에 필요한 교육과 경험의 기회를 제공해 준다. (   )
6. 나는 상대에게 요구한 사항에 대해 즉시 시행할 것을 주문한다. (   )
7. 나는 상대에게 어떤 지원을 해 줄 수 있는가에 대해 말해준다. (   )
8. 나는 상대가 자유롭게 의견을 제시할 기회를 부여한다. (   )
9. 나는 상대의 문제점에 대한 피드백을 즉시 해 준다. (   )
10. 나는 좋은 아이디어에 대해 격려하고, 실행하도록 지원한다. (   )
11. 나는 상대가 처리할 수 있는 권한이 어느 정도인지를 명확히 해 준다. (   )
12. 나는 아무리 복잡한 사항이라도 알기 쉽게 설명해 주는 편이다. (   )
13. 나는 상대에게 도움이 될 만한 조언을 해 준다. (   )
14. 나는 상대의 의견을 지지한다. (   )
15. 나는 상대에게 지시한 업무가 잘 시행되지 않을 경우, 미비점을 지적하여 개선 방법을 알려준다. (   )
16. 나는 상대에게 어려운 업무나 방법을 배울 수 있다는 자신감을 북돋아 준다. (   )
17. 나는 상대에게 방향만 제시하고, 업무 수행에 간섭하지 않는다. (   )
18. 나는 단기적인 업무성과를 중시한다. (   )
19. 나는 문제 발생 시, 해결안을 말하기보다 상대 스스로 해결할 수 있도록 도움을 준다. (   )
20. 나는 의사결정 시 여러 가지 선택안을 통해 상대가 결정할 수 있는 권한을 부여한다. (   )
21. 나는 상대에게 업무를 계획해주고, 할당해준다. (   )
22. 나는 상대가 어려워하는 사안에 대해 시범을 보여주거나, 노하우를 전달해준다. (   )
23. 나는 서로 다른 의견에 대해 상대를 존중해준다. (   )
24. 나는 지시한 사항에 대해 지속해서 확인하고, 과정과 결과에 대해 확인받는다. (   )
25. 나는 상대가 습득한 스킬이나 지식을 활용하기 전에 연습을 통해 경험해 보게 한다. (   )
26. 나는 자신보다 상대가 스포트라이트를 받게 한다. (   )
27. 나는 의사결정 시 나의 판단과 아이디어에 확고한 신념이 있다. (   )
28. 나는 목표에 대해 상대방과 논의한다. (   )
29. 나는 단기적 성과보다는 상대의 장기적 성장과 능력개발에 관심이 있다. (   )
30. 나는 스스로 빠른 의사결정을 한다. (   )

지시형 리더		코치형 리더		위임형 리더	
3		1		2	
6		4		5	
9		7		8	
12		10		11	
15		13		14	
18		16		17	
21		19		20	
24		22		23	
27		25		26	
30		28		29	
합계	(1)	합계	(2)	합계	(3)

※ 표 (1), (2), (3)의 합계점수를 참조하여, 막대그래프를 그려보시오.

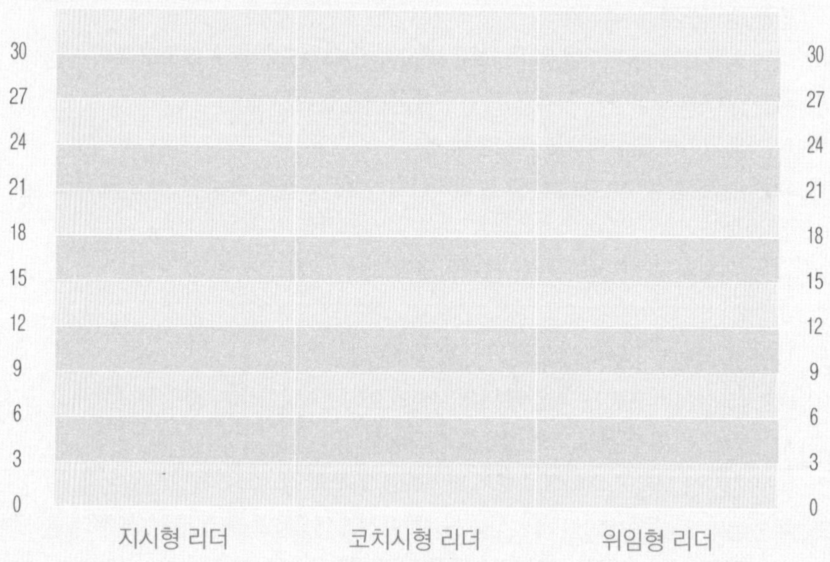

⁂ 해석 : 각각의 유형이 10점 이하 : 해당 유형이라 설명할 수 없음

각각의 유형이 11~19점 : 해당 유형에 근접함

각각의 유형이 20~24점 : 해당 유형으로 설명할 수 있음

각각의 유형이 25점 이상 : 해당 유형이 매우 두드러짐

앞에서 당신의 리더십 유형을 진단해 보았다. 지시형 리더, 코칭형 리더, 위임형 리더 중 당신은 어느 유형인가? 물론 셋 중 하나가 극명하게 나타나는 경우도 있고, 비슷한 점수 분포를 보일 수도 있을 것이다. 그렇다면 당신의 리더십 유형이 리더십 발휘에 영향을 미치고 있다고 말할 수 있을까? 바꾸어 말하면 당신의 리더십 유형만 객관적으로 진단하여 인지하고 있으면, 모든 이해관계자들에게 인정받는 리더가 될 수 있다는 말인가 하는 것이다. 물론 아니다.

여기서 잠시, 본인의 리더십 스타일만이 아닌 이해관계자들의 성향 혹은 업무스타일의 중요성에 대해 생각해 보자. '알이 먼저인가? 닭이 먼저인가?'라는 이야기의 출처에 대해 들어본 적이 있는가? 이 질문은 인과관계에 의한 딜레마로 고대철학자들이 '생명과 이 세계가 어떻게 시작되었을까?'라는 의문에서 시작된, 당시 그들에게는 매우 중요한 명제였다.

그렇다면 리더십 발휘에서 어느 것에 더 중점을 두어야 할까? 이 질문에 대한 대답은 자신의 유형보다 타인의 유형이 우선이라고 답하고자 한다. 이것은 나보다 타인 중심이 튜닝 리더십의 핵심이라는 전제 조건과도 일치할 수 있는 답변이기 때문이다. 즉, 리더십의 유형조차도 리더인 나 자신의 것을 우선하기보다는 이해관계자 등 타인의 유형에 초점을 맞추고 그들과 효과적으로 소통하고 조율하기 위한 수단으로 활용되어야 한다.

명심하라! 당신의 리더십 유형이 먼저인가? 아니면 이해관계자들의 유형이 먼저인가? 그 순서는 당신보다 타인이 우선이어야만 효과적인 튜닝 리더십을 발휘할 수 있다. 이런 관점으로 볼 때, 진단 결과 특정한 리더십 유형이 극명하게 우위를 보이는 것보다, 3가지 유형 모두가 골고루 섞이는 것이 더 효과적일 수 있다. 그것은 우리가 한 사람이 아닌 매우 다양한 사람들과 함께 부대끼며 살아가야 하므로 당신에게 3가지 유형이 골고루 섞이게 되면 그만큼 리더십 발휘의 유연성이 더 좋아질 수 있기 때문이다. 즉, 다양한 이해관계자들과 튜닝하기가 용이할 수 있다는 것이다.

06

리더십 발휘에도 궁합이 있다

——— 당신의 리더십 유형보다 구성원들(부하/후배 등 이해관계자)의 유형(이 부분은 4-7 까다로운 성향의 구성원들과도 튜닝하라 편에서도 언급하도록 하겠다)이 더 중요하다고 했다. 그런 의미로, 앞서 3가지 리더십의 유형별 특징을 다루면서 일부 언급했지만, 리더십 궁합 차원으로 한 번 더 요약 정리하고자 한다.

지시적 리더십과의 궁합

우선 지시적 유형에 적합한 상황과 사람의 궁합을 맞추어 보자. 지시형 리더십에 적합한 궁합은 첫 번째, 탁월한 능력을 소유한 리더의 노하우를 활용하여 조직의 위기 극복이 필요한 경우이다. 두 번째, 빠른 시간에 사람과 조직의 성과를 내고자 할 때이다. 세 번째, 상대의 능력이나 경험이 부족할 경우에 효과적이다. 네 번째, 책임 소재가 불분명한 업무와 군대 등의 관료적·기계적인 조직에 효과적이다. 예를 들자면 학업 성적과 스펙은 훌륭하지만 직장 경험이 없는 신입사원에게 업무를 숙달시키고자 할 때, 또는 명령과 통제로 움직여야 하는 경우는 지시적 리더십이 더 효과적일 수 있다.

또 다른 예로 당신이 가족과의 저녁 식사를 고급 프랑스 요리 전문점으로 선택했다고 하자. 당신 이외의 그 누구도 고급 프랑스 요리를 먹어 본 적이 없고, 메뉴 이름도 생소해 하고, 웨이터의 메뉴 추천에도 가족들이 난감해 하는 경우라면 당신의 노하우와 경험을 살려 주문하는 편이 시간과 식사비 절약에 훨씬 효과적일 수도 있다. 물론, 평상시 가족들의 식성을 알고 있어야 함은 물론이고, 다음부터 이런 기회를 자주 마련하겠다는 말도 잊지 않기를 바란다. 다시 강조하지만, 지시적 리더십과의 궁합은 상대가 우유부단하거나 시간이 촉박한 경우, 상대가 객관적으로 능력이 떨어지는 경우, 구성원이 관료 조직 등 지시 통제에 길든 경우, 리더의 강력한 소신으로 정면 돌파를 통해 단기적 성과가 필요한 경우에 적합하다.

코칭형 리더십과의 궁합

다음으로 코칭형 리더십과 어울리는 궁합은 어떤 사람과 상황일까? 첫째, 당신이 몸담은 조직 구성원 중 뭔가 다른 관점에서도 생각해 보고, 또 이런 저런 형태의 다양한 시도를 해보는 성향의 구성원이 있다면 코치형 리더십으로 그들과 튜닝해 보기를 권한다.

코칭 스킬의 핵심은 커뮤니케이션 스킬이라고 여러 차례 언급했고, 그 커뮤니케이션 스킬의 핵심은 질문 스킬이므로 코칭 스킬은 곧 질문 스킬이라고 했다. 위에서 언급한 구성원과 같은 사람에게는 정형화된 가르침과 지도 방식보다는 질문식의 코칭으로 그의 잠재력을 극대화하는 것이 효과적이다. 둘째, 리더와 팔로워 간 신뢰형성으로 친밀감이 형성되어 있다면, 코칭 리더십 발휘의 결과는 최상일 것이다. 상호 간 신뢰형성의 첫걸음은 리더가 팔로워(후배/부하/동료)의 잠재 가능성을 믿고 있다는 신호를 지속적으로 진정성 있게 보여주어야 하며, 구성원 또한 리더가 자신의 역량을 개발시키기 위해 진정으로 도와주려 한다는 확신이 들 때 가능한 것이다.

위임형 리더십과의 궁합

마지막으로, 위임형 리더십과 어울리는 궁합은 어떤 상황과 사람일까? 결론부터 말하면, 자신의 생각을 정립해서 자발적으로 뭔가를 수행하는데 익숙한 이해관계자들과는 매우 궁합이 잘 맞는다. 나는 대학에 입학하면서부터 직장생활 10년 차까지도 흡연을 했다. 당연히 아내는 싫어했고, 나에게 시종일관 백해무익한 담배를 끊으라는 강압적인 권유도 있었지만, 그때 뿐이었다. 그러던 중, 나는 다니던 직장 사내에서 강의할 기회가 늘어나면서 목소리 관리에 대한 필요성을 스스로 느끼게 되었고, '담배 냄새를 풍기며 강단에 서는 것이 수강생들에 대한 예의가 아니다.'라는 생각 또한 강하게 들기 시작했다. 그리고 지금부터 17년 전, 거짓말같이 금연에 성공하게 되었고, 그 이후 단 한 번도 담배를 피운 적이 없다. 주변 지인들은 나를 독한 사람이라고 했지만, 지금 생각하면 매우 탁월한 선택이었다.

그 이후, 주변인들을 더욱 놀라게 한 것은 대중 앞에 최고의 컨디션으로 서야 하는 강사로서의 이미지 관리뿐 아니라, 건강관리를 위해 자발적인 단주와 체중 관리로 항상 67~68kg 정도의 몸무게를 유지하고 있다는 것이다. 금연에 이어 단주까지 이르니 주변 사람들은 무슨 낙으로 사느냐고 하지만, 지금의 나는 여러모로 정말 행복하다. 갑자기 리더십 책이 건강관리나 다이어트 관련 책으로 바뀐 것은 아니니 오해 없길 바란다. 단지 어떤 사람은 리더나 누군가의 강력한 지시와 간섭, 통제 등으로 영향을 받는 사람이 있는가 하면, 필자의 경우처럼 자발적인 필요성에 의해 도전하여 그 영향을 받는 경우도 있다는 것을 강조하고 싶을 뿐이다.

다행스럽게도 지금의 내가 강사로 데뷔하기 전, 13년간 회사에서 만났던 상사들은 대부분 나의 자발성에 기초하여 궁합을 잘 맞추어 나를 성장시킨 사람들이었다. 그런 면에서 나는 정말 행복하고, 축복받은 부하이자 후배였다. 물론 딱 한 번 하나에서 열까지 나의 업무 대부분을 세부적으로 관리한 상사가 있었다. 그 상사는 이 책 초반부에 등장하는 내게 인사권이 있다면 해고하고 싶었던 그 C 부장이다. 물론 C 부장과 1년 가까이 같은 부서에 있으면서 그와 튜닝하고자 필자도 많은 노력을 했지만, 솔직히 힘들었던 기억이 훨씬 더 많다. 그 후 1년 뒤 C 부장이 다른 부서로 전출된 것 또한 나에겐 행운이었다. 튜닝을 위해 노력하는 사람에게 좋은 상사뿐 아니라 후배도 만날 수 있는 행운이 당신에게도 찾아오기를 바란다.

실천 과제

[3.6.1]

당신의 이해관계자들 중, 지시형/코칭형/위임형 리더십이 효과적인 사람들을 1인씩 기록해 보라. 그리고 일주일간 그들에게 각각의 리더십 유형을 적용해 보고, 그 결과에 대해 기록해보자.

리더십 유형	누구에게 효과적인가? (이해관계자 이름)	어떤 상황인가?	실제 결과
지시형			
코칭형			
위임형			

튜닝 리더십

막장 리더와 이별하기

04

나(리더)를 튜닝하라

리더십 향상법

훌륭한 지도자는 아랫사람들이 큰일을 할 수 있도록 동기를 부여하는 사람이다.
그리고 자기가 임무를 완성했을 때, 백성들 입에서 '마침내 우리가 이 일을 해냈다.'고
자랑스럽게 말할 수 있도록 하는 사람이다.

- 노자 -

"세상에서 가장 어려운 일이 뭔지 아니?" "흠…. 글쎄요, 돈 버는 일? 밥 먹는 일?"
"세상에서 가장 어려운 일은 사람이 사람의 마음을 얻는 일이란다. 각각의 얼굴만큼 다양한 각양각색이며,
또 순간에도 수만 가지의 생각이 떠오르는 그 바람 같은 마음을 머물게 한다는 것은 정말 어려운 거란다."

- 생텍쥐페리, '어린왕자'에서 -

01

튜닝 환경을 조성하자

'유니폼에서 주머니가 없어진 사연'

———— 튜닝 리더십의 실천을 위해 우선해야 할 것은 튜닝 리더십을 방해하는 장애물을 제거하는 준비와 환경 조성이 필요하다.

친절하기로 소문난 어느 놀이공원에서 벌어진 일이다. 직원들의 친절함은 자타가 공인했으며, CEO도 친절 서비스에 관한 대단한 자부심을 가지고 있었다. 어느 날, CEO는 '고객들이 친절에 대해 얼마나 좋은 평가를 할까?'라는 기대를 가지고 홈페이지 게시판에서 <고객의 소리>를 읽게 되었다. 그런데 어찌 된 일인지 놀이공원 직원들 때문에 '기분이 좋지 않다.'라는 고객들의 글이 대부분이 아닌가? 내용을 자세히 보니 직원들이 밝게 웃는 것은 과거나 지금이나 다름이 없는데, 언제부터인가 주머니에 손을 넣고 고객들에게 인사하는 것 때문에 매우 불쾌하다는 반응들이었다. 그래서 CEO는 관련 팀장들과 논의를 했고, 교육팀장의 제안으로 직원들의 인사 예절 교육을 다시 하자는 결론을 내렸다. 교육팀장은 외부 CS 강사를 초빙하여 직원들에게 특별 서비스 교육을 했다. 그러나 아쉽게도 추가 예산이 투입되고, 특별 서비스 교육을 시행했으나 고객들의 반응은 개선되지 않았다. 왜 그랬을까? 여러 가지 이유가 있겠으나, 그중 하나는 직원들이 자신도 모르게 바지에 있는 주머니에 손을 넣는다는 사실이었다. 즉, CEO가 현장 근무를 하건, 전문 CS 강사가 근무하건, 당신이 현장 근무를 하건 간에 이들 모두 자신도 모르게 주머니에 손을 넣을 가능성이 높다는 것이다. 다시 CEO는 관련 팀장들과 함께 대책을 논의했고, 이번에는 총무지원팀장의 아이디어가 채택되었다. "모든 현장 직원의 유니폼 바지를 회수하여 주머니를 꿰매고, 신입 직원의 유니폼은 바지 주머니가 없는 것으로 대체 하시죠."라는 의견이었다.

이 아이디어가 채택된 후, 드디어 그 어떤 현장 직원도 바지 주머니에 손을 넣지 않게 되었고, 결국 CEO와 총무팀장의 리더십이 빛을 보게 되었다. CEO는 강압적으로 자신의 의견만을 밀어붙이지 않고 총무팀장의 의견을 존중하면서 의사결정을 하였고, 총무팀장 역시 현장 상황을 검토하여 실천 아이디어를 제시한 것이다. 상대의 마음에 주파수를 맞추는 튜닝 리더십을 실천하고자 서로가 노력한 것이다.

며칠 후 CEO는 다시 기대를 가지고 홈페이지를 통해 <고객의 소리>를 확인하게 되었다. 과연 고객의 반응은 어떠했을까? 그러나 아쉽게도 CEO의 기대와 달리, 이번에는 남성 직원들은 환한 미소와 함께 팔짱을 끼고 인사하고, 여성 직원들 역시 환하게 미소는 짓지만 두 팔의 옷소매를 손등 아래로 길게 늘어뜨린 채 손을 꼭 쥐고 인사한다는 고객의 소리가 넘쳐 났다.

CEO는 고객의 또 다른 불만을 접하게 된 것이다. 왜 이런 일이 발생했을까? 재차 그 이유를 분석해 보니, 11월 말에 갑자기 날씨가 추워졌기 때문이라는 의견이 지배적이었다. 그러나 날씨가 추워졌음에도 불구하고 현장 직원들의 손에는 장갑이 없었고, 주머니가 없는 유니폼을 착용하고 있었으므로 자신도 모르게 어깨와 손을 움츠리고 팔짱이나 옷소매를 장갑 대용으로 사용한 것이다. 물론 워낙 미소가 좋은 직원들을 채용하고, 그들에게 끊임없이 표정 훈련을 시켰기에 미소는 달인이었지만, 갑자기 추워진 날씨에 무의식적으로 고객이 보기에 불손한 행동을 하게 된 것이다.

이렇듯 리더십 발휘를 통해 본인이 상대에게 원하는 것을 얻고자 할 때도 장애물이 있는 것처럼, 튜닝 리더십 실천에서도 튜닝을 어렵게 하는 장애물을 먼저 제거해야 한다. 그렇다면 앞서 언급한, 놀이공원 사례에서의 튜닝의 장애물은 무엇이었을까? 그것은 다름 아니라 유니폼에 부착된 바지 주머니와 11월 말 갑작스레 찾아와 손을 시리게 하는 매서운 추위였다. 먼저 바지 주머니를 제거하고 장갑을 직원들에게 제공하는 것이 튜닝 리더십 발휘를 위한 환경조성이자 우선순위였다.

포카-요케

2019년 하반기 일본과의 냉랭한 관계 때문에 일본식 표현에 오해가 있을 수 있겠으나, 이해를 돕기 위함이니 당신의 양해를 구한다. 일본식 영어표현으로 '포카요케(ポカヨケ, Poka-yoke)'라는 말이 있다. 통상적으로 '우연히 저지를 만한 실수(Poka)를 제거하기(yoke)'란 의미로 번역할 수 있다. 이 용어는 일본 도요타 자동차에서 품질 관리 측면으로 사용된 용어로, 실수를 방지

하도록 행동을 제한하거나 정확한 동작을 수행하게 하기 위한 환경을 만들어야 한다는 뜻을 내포하고 있다. 이 포카요케의 원리를 리더십에 응용해 본다면 리더가 구성원들과 튜닝하기에 앞서 조직 구성원이 우연히 저지를 만한 실수 요소들을 사전에 제거하는 환경조성이 선행되어야 한다.

1990년대 말까지 중식당에 있었던 육각형의 불투명 갈색 물컵을 기억하는가? 그 당시 중국집 주인이 홀 서빙을 하는 직원들을 교육하며 "손님이 많지 않을 때는 식사 중인 손님의 표정을 수시로 확인하여, 손님이 요구하지 않아도 주인이 솔선수범하는 것처럼 제때 물을 리필해 주는 서비스 정신을 발휘해야 한다."라고 강조했다. 그리고 "이것이 바로 주인 정신이고, 당신들도 미래에 식당 경영을 성공적으로 할 수 있도록 하는 준비 과정이다."라고 환하게 웃으면서 말했다. 그러나 종업원들은 주인의 이러한 교육에도 불구하고, 주인처럼 센스 있게 타이밍을 맞추어 물을 리필하지 못했다.

왜 그랬을까? 직원들의 마음과 태도도 중요하지만, 종업원들의 입장에서 이해한다면 경험이 많지 않은 그들이 멀리서 불투명 유리잔에 물이 얼마를 남아 있는지를 파악하기란 그리 쉬운 일이 아니기 때문이다. 예산은 추가되겠으나 어쩌면 멀리서도 물의 양을 확인할 수 있는 투명한 유리컵으로 교체하는 것이 좋을 수도 있다. 아니면 담당자를 정해 놓고 주전자에 물을 담아 홀을 돌며 서빙을 하게 하는 것이 더 좋지 않았을까? 튜닝의 실천은 리더가 먼저 우연히 저지를 만한 실수(Poka, 포카)를 사전에 제거(yoke, 요케)하는 환경조성이 필요하다는 것을 기억하기 바란다.

누구의 책임인가?

그렇다면 우연히 저지를 만한 실수들을 사전에 제거하지 못한 리더들에게만 튜닝 리더십을 효과적으로 발휘하지 못한 책임이 있다는 말인가? 즉, '놀이공원의 CEO와 관련 부서 책임자, 불투명한 육각형 물컵을 사용하고 있는 중식당 주인에게만 책임이 있을까?'라는 물음이다. 결론부터 말하면 종업원들을 포함한 양측 모두에게 책임이 있다. 그러나 그 책임의 경중이 누구인가를 구분하는 것은 당신의 판단에 맡기겠다.

실천 과제 [4.1.1]

당신이 속한 조직에서 튜닝 리더십 발휘에 방해되는, 즉 구성원이 우연히 저지를 수 있는 것들(포카)을 기록하고 제거해 보라(요케). 예를 들면 가정에서 텔레비전 프로그램 시청 때문에 학교 성적이 떨어지는 아이들에게 '공부할 때는 TV를 보면 안 된다.'라고 말하는 것보다는, 아이들의 마음에 주파수를 맞추고, 어떻게 환경 조성을 해야 할까를 먼저 고려해야 한다. 아이들과 협의하여 ① 시험 기간에는 텔레비전 전원 코드와 리모콘을 찾을 수 없는 곳에 숨기고, ② 집이 아닌 도서관에서 공부하게 하는 등의 사전에 장애물을 제거하기 위한 노력이 튜닝 리더십을 발휘하기 위한 환경조성이자 밑그림이기 때문이다.

1. 포카(우연히 저지를 만한 실수) :

2. 요케(사전에 제거하기) :

02

4가지 창으로 튜닝하자

‘변함 없기’에서 ‘민감하기’까지

———————— 리더십은 개인과 조직의 성과 향상뿐 아니라, 성공적인 대인관계를 위해 필요한 핵심역량 가운데 중요한 요소이다. 리더십과 대인관계에 자주 인용되는 ‘조하리 창(Johari's Window)’이라는 것이 있다. 여기서 잠시 설명해 보기로 하겠다. 이 도구는 인간관계 차원에서 처음 도입한 Joseph과 Harry라는 두 사람의 이름 첫 글자를 합하여 ‘Johari's Window’라고 명명했고, 이 창은 총 4개의 영역으로 구성된다. 이 ‘조하리 창’ 관련 내용을 쉽게 요약 설명해 보기로 하겠다.

열린 창(open-window)

나와 상대에게 모두 노출되어 서로가 알고 있는 영역이다. 예를 들어 당신이 이 책을 정독했다면 필자는 자녀가 두 명이며, 아들은 축구선수 출신으로 군 복무 중이고, 필자는 기업에서 주로 리더십과 비즈니스 커뮤니케이션 관련 강의를 하고 있음을 이미 알고 있다. 나 또한 당신이 평상시 리더십 분야에 관심을 두고 있었으므로 이 책을 선택하여 읽고 있다고 파악할 수 있다. 실제 대인관계에서는 상호 간에 이루어지는 평상시 대화와 또 공동체에서 함께 지낸 경험으로 알게 된 서로의 언어습관, 고향, 학교, 성별, 나이, 학력, 직업과 관련된 정보 등이 포함될 것이다. 만약에 이해관계자들과 열린 창에서만 상호교류가 가능하다면 당신의 대인관계는 매우 용이할 것이다. 더 나아가 이 창의 영역에서만 누군가에게 리더십을 발휘할 수 있다면 튜닝 또한 훨씬 더 수월할 것이다. 그러나 아쉽게도 이 열린 창의 영역이 전체 창의 크기 중 100%가 아니며, 이 영역 이외에도 3개의 영역이 추가적으로 존재한다는 것이 당신의 대인관계와 튜닝 리더십 실천을 어렵게 만드는 것이다. 역으로 말하면, 당신의 노력으로 열린 창 확대를 할 수 있다면 당신의 튜닝 능력은 배가 될 것이다.

숨겨진 창(blind-window)

나는 잘 모르지만, 상대방이 알고 있는 영역에 해당된다. 예를 들면, 고속도로 운전 중 2차로에서 시간에 쫓겨 1차로로 급차선변경을 한 적이 있는가? 아무리 급차선변경이지만, 정상적인 운전자라면 백미러나 사이드미러를 순간적으로 확인하고 핸들을 좌측으로 꺾는다. 그 순간, 갑자기 뒤에서 “빵빵”하는 경적 소리가 들리고, 핸들을 다시 반대 차로로 돌리지 않는다면 큰 사고로 이어질 법한 아찔한 순간을 맞이하게 된다. 분명히 조금 전 당신의 시야에는 1차로를 달리고 있는 상대방 차량이 보이지 않아 핸들을 좌측으로 돌렸는데, 상대방은 당신의 차를 보고 운전하며 급차선변경을 하는 당신에게 경적음을 울린 것이다. 이렇듯 본인 자신에게만 보이지 않는 숨겨진 창을 '사각지대' 혹은 '맹점(blind spot, 보이지 않는 부분)'이라고도 할 수 있다. 중요한 사실은 숨겨진 창의 영역이 크지 않더라도 작은 맹점 때문에 인간관계가 틀어지거나 튜닝 리더십 발휘에도 매우 큰 어려움이 따른다는 것이다.

감춰놓은 창(hidden-window)

나는 알고 있지만, 상대는 잘 모르는 나 자신의 비밀의 영역이다. 즉, 단점, 아픈 가족사, 과거의 큰 실수 등 그리고 타인에게 공개하지 않은 노하우나 지식 등도 포함된다. 조금 더 이해하기 쉽게 표현하면 의도적으로 타인에게 자신을 숨기고 있는 '가면(mask)'이 될 수도 있다. 가면은 나의 단점과 사생활 등을 타인에게 가릴 수 있다는 면에선 장점도 있지만, 이 창문의 영역이 커지면 상대와의 진정한 교류가 쉽지 않을 뿐만 아니라, 이 영역이 타인에게 열리는 순간 당신에 대한 그들의 실망과 함께 큰 후폭풍을 만나는 경우도 있을 것이다.

미지의 창(unknown-window)

나와 상대가 모두 알 수 없는 영역으로, 가수 조용필 씨가 부른 '미지의 세계'라는 노래가 히트되기도 했고, 심리학자 프로이드는 이 창을 '무의식' 혹은 '잠재의식'이라고도 했다. 예컨대, 타인과 자신이 인지하지 못하고 있는 본능 혹은 잠재된 능력이나, 초면의 경우에 서로가 상대에 대해 잘 모르는 것 등도 이 창에 포함될 것이다.

지금까지 '조하리 창'에 대해 알아보았다. 지금부터가 더 중요하다. 당신이 해야 할 일은 이 창의 영역에 당신의 가족 구성원을 포함한 주변의 다양한 이해관계자들을 떠올리고, 그들이 각각 어느 창에 있는가를 생각해 보는 것이다. 물론 당신의 관점이므로 지극히 주관적일 수도 있고, 4개의 창에 각각 포함되는 세부적인 기준도 다소 모호할 수 있다. 그러나 당신 나름대로 객관성과 일관성을 갖고 4개의 창에 이해관계자들의 좌표를 찍어보기를 바란다.

'열린 창'에서의 튜닝 리더십 실천(1)

당신의 상사 Y 팀장은 당신이 기획한 문서를 볼 때마다, 기획서 형식과 기획서를 고정시키는 스테이플러 철심(일명 호치키스 철심)의 위치를 확인하고, 그것들이 본인의 마음에 들지 않으면 내용조차 검토하지 않은 채 다시 작성해 오라고 한다. 당신은 이런 일로 상사에게 한 차례 지적을 받은 경험이 있다. 사실 당신과 상사 모두가 이것을 이미 알고 있다. 이런 사실로 볼 때, 당신의 상사는 기획서 결재 과정에서만큼은 열린 창에 위치된 이해관계자이다. 그렇다면 당신은 어떻게 하겠는가? 기획서는 내용이 중요한 것이므로 스테이플러 철심의 위치나 형식은 중요하지 않다고 상사를 설득하겠는가? 이것은 매우 비효율적이다. 상사가 싫어하는 것을 알고 있는 이상, 기획서 내용 검토에 앞서 상사가 원하는 스타일로 형식을 만들고, 마지막으로 스테이플러 철심을 상사가 원하는 위치에 고정하는 것이 더 효율적이지 않을까? 이런 시도는 단 일회성으로 종료되는 것이 아니라, 그 상사와 함께 일하는 동안 끊임없이 진행되어야 할 것이다. 당신의 부하 최 대리는 대학교에 대한 콤플렉스가 있음을 지난번 회식 때 무심코 고백한 적이 있다. 그렇다면, 당신은 최 대리에게 튜닝을 잘하는 리더로 각인되려면, 앞으로 학력과 관련된 이야기를 부지불식중이라도 굳이 할 필요가 없다.

그러므로 이 '열린 창' 영역에서의 튜닝 리더십 실천 포인트는 리더의 '변함없기 전략'이라 할 수 있다. 시간에 대해 철두철미한 후배에게는 리더인 당신 또한 변함없이 시간을 정확하게 지키는 것도 이 영역의 튜닝에 필요한 실천방법이다.

'숨겨진 창'에서의 튜닝 리더십 실천(2)

기업 강사를 시작한 지 얼마 되지 않았을 때의 일이다. 고객 점검 부서에서 일하는 백화점 직원들을 상대로 강의한 적이 있다. 교육진행자의 소개에 이어 백화점 직원들의 환영 박수를 받고 강단에 올라, 평소와 마찬가지로 필자의 소개를 시작으로 강의를 시작했다. 그런데 60여 명의 교육생 중, 유독 뒷줄의 한 여성 교육생이 강의 시작과 동시에 책상에 엎드려 자는 것이 아닌가? '곧 고개를 들겠지.'라고 기대를 했지만, 그 교육생은 강의가 계속되어도 좀처럼 고개를 들 생각이 없이 잠에 빠진 것 같았다. 강의 중간에 교육생이 조는 것은 누구의 책임일까? 강사의 강의 내용이 얼마나 지루하면 졸겠는가? 강사의 책임이 클 것이다. 그러나 그 당시 상황은 교육 시작과 동시에 그녀가 잠을 청했으니, 강의 수강 예절에 문제가 있다는 생각이 들었다. 더욱이 고객서비스를 직업으로 하는 직원들이라면 강사도 고객인데 '너무 한 것이 아닌가?'라는 생각이 들었고, 주변 동료들이 그 여성을 깨워주었으면 하는 바람으로 자주 그쪽을 응시하기도 했으나 내 기대와는 다르게 그녀의 동료들조차도 전혀 깨울 의사가 없는 것처럼 보였다. 내색하지는 않았지만 당황스럽기도 했고 기분이 언짢기도 했는데, 한 20분쯤 지나서는 갑자기 엎드려 자던 그 여성 교육생이 아예 강의장 밖으로 나가버리는 것이 아닌가? 수업 휴식시간을 이용해 나는 강의실 뒤쪽으로 걸어갔고, 수업 도중 밖으로 나간 그 교육생의 짝에게 최대한 공손하게 이렇게 물었다. "아까 그 여성분, 어디가 아프세요?" 그러자 그 짝은 부끄러운 듯이 작은 소리로 이렇게 대답했다. "아! 죄송해요, 그 친구가 갑자기 강의 시작 전에 배가 많이 아프다며 엎드려 있었는데 통증이 멈추지 않아 의무실에 간 것 같아요." 그리고 이어지는 또 다른 말을 들었을 때, 나는 여성들만이 매달 겪는 마법의 통증이라는 것을 알게 되었고, 그 여성 교육생에게 매우 미안한 마음이 들었다. 나는 그 여성의 상황에 대해 전혀 몰랐으나 그 수강생 본인은 상황을 정확히 인지하고 있는, 그녀와 나와의 영역은 '숨겨진 창'에서의 만남이었던 것이다.

물론 강사로서 베테랑이 된 지금의 나는 초보 강사 시절의 실수를 더는 범하지 않고 있으며, 오히려 후배 남성 강사들에게 "혹시 여성들이 강의 시작과 동시에 엎드려 있으면, '매직데이'로 생각하고 오히려 그분을 더 잘 배려해야 한다."라는 조언을 하기도 한다. 핵심은 상대방이나 이해관계자들이 알고 있는 상황에 대해 자신이 먼저 듣고 이해하고자 하는 노력이 선행된다면 내가 잘 몰랐기 때문에 생기는 오해로부터 벗어날 수 있을 것이다. 그러므로 이 '숨겨진 창' 영역에서의 튜닝 리더십 실천 전략은 상대의 말에 '귀 기울이기'라고 할 수 있다.

'감춰놓은 창'에서의 튜닝 리더십 실천(3)

고등학교 1학년 때, 나와 생년월일이 동일한 짝 '정현'이라는 친구의 이야기이다. 정현이는 나보다 수학을 잘했다. 나는 수학과목에 큰 흥미가 없었기에 자율학습 시간에 응용된 수학문제를 풀 때마다 어려움을 겪곤 했다. 그럴 때마다 문제풀이 방식에 대해 질문을 하면 정현이는 매우 친절하게 도움을 주곤 했지만, 계속 질문하기엔 미안함도 있었고 또 약간 자존심이 상하기도 했었다. 그러나 수학문제 풀이과정을 잘 알고 있었던 정현이는 내가 오랫동안 도움을 청하지 않으면 가끔 "잘 돼가니? 혹시 잘 풀리지 않는 문제가 있으면 언제든지 물어봐도 괜찮아?"라고 했고, 그 기회를 놓치지 않은 나는 그에게 또다시 도움을 받곤 했고 그런 정현이가 정말 고마웠다. 그는 지금 ○○대학에서 열심히 후학들을 지도하고 있다.

고교 시절 수학문제 풀이과정 중에 정현이와 나와의 '만남의 창'은 정현이 입장으로 볼 때, '감춰놓은 창'이었다. 물론 나로서는 먼저 말하고 싶지 않은 '숨겨진 창'이었다. 정현이 입장에서는 '감춰놓은 창'에서 본인이 알고 있는 수학문제 풀이 방식을 잘 모르는 나에게 먼저 '다가서기'를 통해 도움을 준 것이다. 그러므로 이 '감춰놓은 창' 영역에서의 튜닝 리더십 발휘는 상대에게 부담을 주지 않은 상태에서 먼저 '다가서기'로 실천하는 것이 중요한 튜닝 전략이라고 할 수 있다.

강의 현장에서 만나는 조직 구성원들 대다수는 이구동성으로 선배나 상사에게 본인의 애로 사항을 먼저 오픈하기가 쉽지 않다고들 말한다. 이럴 때 튜닝을 잘하는 리더들은 상대의 마음을 헤아리고, 부담을 주지 않는 선(사생활에 침해되지 않는 부분)에서 가벼운 질문 등으로 먼저 다가서기를 실천한다. 예컨대 "김 주임, 괜찮으면, 잠시 커피 한잔 어때?" 아니면 때로는 조금 더 적극적으로 "내가 뭐 도와줄 것이 있을까?", "고민 있으면 언제든지 말해 줘.", "혹시 지난번 고객과의 상담에 불편한 점은 없었어?" 등 다가서기를 실천해 보는 것은 어떨까? 그러나 다음과 같은 ㅇㅇ팀장의 '다가서기 실천'에 대한 당신의 생각은 어떤가? "최 대리, 결혼 준비는 잘 되고 있나? 듣자하니 예비 시댁과 혼수 문제로 갈등이 많다면서?", "김 대리, 이번 과장 진급에 누락된 것 너무 상심하지 말아. 내가 인사팀장한테 들었는데 회사 정책이 작년에 누락한 직원부터 진급시킨 거라고 하네. 김 대리 실적이 우수한 건 누구나 알고 있잖아." 그리고 화룡점정의 마무리 발언으로 "과장 진급 누락은 요즈음 필수라고 하잖아." 팀장의 이같은 말을 듣는 김 대리의 마음은 그리 유쾌하지 않을뿐더러, 팀장을 튜닝의 고수로 생각하지도 않을 것이다.

'미지의 창'에서의 튜닝 리더십 실천(4)

누군가를 처음 만나게 되거나 당신이 속한 조직에 후배가 새로 오게 되면 당신과 그와의 만남은 대부분 미지의 창에서 시작될 것이다. 서로에 대해 모르는 부분이 많기 때문이다. 매우 낯설기에 그들과의 관계 형성은 물론 리더십을 발휘하는 것도 녹록한 일이 아닐 것이다. 그럴수록 서로를 알아가는 시간도 필요하고, 때로는 그들의 스타일을 조용히 지켜보는 것도 좋은 방법일 수 있다.

그러나 시간을 두고 조용히 그들을 지켜보면서 당신이 간과해서는 안 될, 중요한 튜닝 리더십 실천 포인트가 있다. 바로 그들에게 '민감하라'는 것이다. 민감의 사전적 의미는 '외부 자극에 빠르게 반응을 보이거나 쉽게 영향을 받는 상태이며 혹은 어떤 것에 주의를 기울이는 것'을 일컫는다. 이 민감함은 자기중심이 아니라 전적으로 타인중심이어야 한다. 즉, 상대는 눈치채지 못하지만, 상대의 일거수일투족에 관심을 두고 주의를 기울여서 상대가 당신에게 편안히 마음을 열 수 있도록 분위기를 만들어야 한다. 또한, 민감함은 상대의 표정과 말 속에서 그들의 생각, 성향, 정보 등을 파악하는 데 안성맞춤이며, 결국 미지의 창에 속한 사람들에게 튜닝 리더십을 발휘하는 데 도움을 주게 될 것이다.

지금까지 튜닝 리더십 실천을 위한 '인간관계의 창'에 대해 알아보았다. 결론적으로 튜닝 리더십 실천을 위한 핵심은 숨겨진 창, 감춰 놓은 창, 미지의 창에서 교류하고 있는 이해관계자들을 열린창으로 이동시키는 것이다. 그 이동의 방법은 각각의 창에서 '변함없기', '귀 기울이기', '다가서기', '민감하기'를 적극적으로 실천하는 것이다.

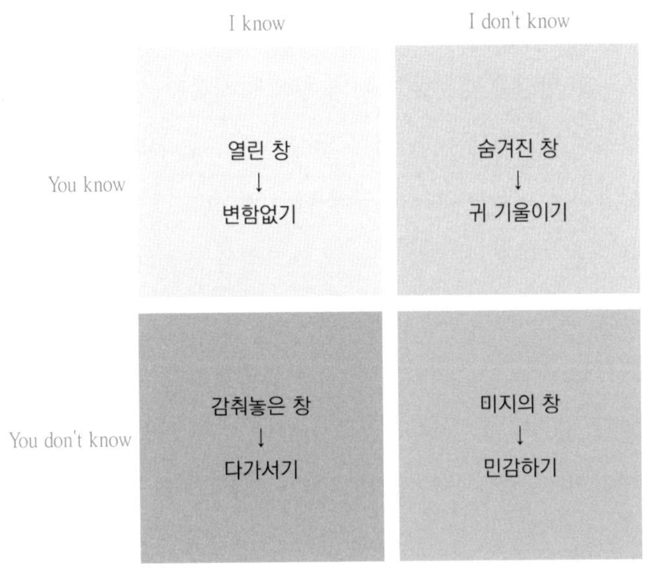

실천 과제

[4.2.1]

당신이 속한 조직의 구성원 중, '조하리 창'의 4개의 영역(열린 창, 숨겨진 창, 감춰놓은 창, 미지의 창)에 위치하는 1인씩을 생각해 보라. 그리고 각각의 구성원에게 변함없기, 귀 기울이기, 다가서기, 민감하기 위한 구체적인 실천 방법들을 작성해 보자.

1. 열린 창
   - 대상자 :
   - 변함없기를 어떻게 활용할 것인가?

2. 숨겨진 창
   - 대상자 :
   - 귀 기울이기를 어떻게 활용할 것인가?

3. 감춰놓은 창
   - 대상자 :
   - 다가서기를 어떻게 활용할 것인가?

4. 미지의 창
   - 대상자 :
   - 민감하기를 어떻게 활용할 것인가?

03

감성 지능 활용으로 튜닝하자

'감정 관리'에서 '감정 이입'까지

우리는 사람의 능력에 영향을 미치는 지표로 IQ(Intelligence Quotient ; 지능 지수)를 넘어서, NQ(Network Quotient : 관계 지수), MQ(Moral Quotient : 도덕성 지수), 그리고 농담 섞인 말로 JQ(Janmari Quotient : 잔머리 지수)의 필요성까지 대두되고 있는 시대에 살고 있다. 그리고 2000년대 이후 최근까지 EQ(Emotion Quotient : 감성 지수)의 중요성에 대해서도 줄곧 들어왔다. 사실 감성 지능인 EQ는 '피터 샐러비'와 '존 메이어'에 의해 처음 언급되었고, '다니엘 골만'에 의해 더욱 발전되었다.

다니엘 골만이 EQ의 차원을 자기인식, 자기관리, 사회적 인식능력(감정 이입), 관계 관리의 4 영역으로 분류하면서, EQ는 IQ의 대항마로 크게 주목을 받기 시작했다. IQ의 영역에 공간지능, 언어지능, 수리지능 등이 있는 것처럼, 다니엘 골만은 감성 지능의 차원을 4가지로 구분한 것이다. 그렇다면, 감성 지능이 왜 중요할까? 다니엘 골만은 이 4가지 차원의 EQ가 발휘되는 리더십을 감성 리더십이라고 언급했는데, 이 감성 지능의 4가지 영역이 잘 발휘된다면, 튜닝 리더십을 실천하는데도 큰 도움이 될 것이다.

예를 들어 우리는 자신의 감정뿐 아니라 자신의 가치나 한계 등을 제대로 파악하지 못해서 리더십이나 대인관계에 어려움을 겪는 사람들을 종종 만나게 된다. 아이들과 개그 프로그램을 보면서 권위 때문에 웃음을 억지로 참거나 간혹 슬픈 영화의 한 장면에서 부끄러움 때문에 슬픈 감정을 숨기는 부모들도 있다. 최근 분노조절 장애에 빠져 자신의 감정을 제어하지 못하고 타인에게 상해를 입히거나 살인을 저지르는 사람이 언론에 자주 보도되고 있다.

누군가 한우로 음식을 대접하고 있는 그 순간에, "요즈음 식당에 한우로 둔갑한 외국산 소고기가 판을 치고 있는데…."라는 말로 분위기를 냉랭하게 하는 사람을 만난 적도 있다. 또 승진에 누락된 후배 옆에서 자신이 승진했음을 여기저기 전화로 알리는 사람도 본 적이 있다. 한창 흥을 돋우는 노래로 분위기가 흥겹게 고조되고 있는데, 고요하고 슬픈 노래 한 곡으로 분위기를 일시에 우울하게 만드는 상사들도 있다. 물론 알고 있는 노래가 슬픈 곡 단 한 곡이라면 이야기는 달라지겠지만, 어쨌거나 이들 모두가 눈치 없는 사람들이며 결국 눈치 없는 사람들은 감성 지능이 떨어지며 분위기 파악을 못 하는 사람이다. 바꾸어 말하면 눈치가 뛰어난 사람은 감성 지능이 높은 사람이고, 이 감성 지능을 효과적으로 활용하는 사람을 튜닝 리더십 전문가라 명명해도 전혀 어색하지 않은 것이다.

그라운드에서 팀의 에이스가 경기 직전 역전 골을 넣고 수많은 관중의 환호와 언론의 집중 조명을 받을 때에 단 1경기도 그라운드에서 뛰지 못해 겉으로는 환호하지만 속으로는 우울할 수 있는 벤치 멤버들의 마음을 헤아리고, 경기 후 그들을 격려하고 새로운 희망을 심어주는 감독과 코치가 팀워크를 증진시킴과 동시에 튜닝 리더십을 발휘하고 있는 것이다. 승진에 누락한 후배들이 슬픈 감정을 표현할 수 있는 시간과 환경을 제공해 주며, 시간이 흐른 후에 그들의 마음을 위로해주고 또 다른 희망을 주는 선배야말로 감성 지능을 튜닝 리더십에 적용한 실천가들이다.

필자가 마지막으로 다니던 직장에서 리더로서 가장 어려웠던 것 중의 하나는 부하 직원들 간에 '서비스 강사 직군에 대해서 회사로부터 특별한 대우가 있는 건 아닌가?'라는 분위기가 감지되었을 때이다. 필자가 부서장으로 일하던 그 당시, CS 교육부에는 3개의 팀으로 구분된 100여 명의 부하 직원이 있었다. 그 중, 55%가량은 서비스 분야의 CS 강사, 30%는 제품 기술 부분 강사, 15%는 교육 기획과 운영을 주로 담당하는 직원이었다.

문제는, 3개 팀별 업무가 매우 달랐고 팀 간 직급과 승진 체계, 급여 기준 등도 차이가 있었다. 사무실에서 기획서 작성으로 오랜 시간을 보내야 하는 업무도 있고, 잦은 출장과 이동으로 많은 시간이 소요되던 업무도 있으며, 또 업무 숙달을 위해 더욱 체계적인 교육과 훈련이 필요한 직무도 있었다. 필자는 그 당시 많은 시간을 할애해 구성원별 개인 상담 혹은 팀 간 대화를 통해 서로의 오해를 줄이고자 했고, 그들의 애로 사항, 기대수준과 감정을 제대로 읽으려고 노력했다. 또 제도개선을 위한 아이디어를 수립하여 상사를 설득하기도 했고, 때로는 부하 직원들을 다독거리기도 했다.

다행스럽게도 시간이 지날수록 직원 간의 오해는 대부분 해소되었고, 부서의 분위기와 성과도 좋아졌다. 그 당시 나는 감성 지능을 통해 100여 명의 직원들에게 튜닝하고자 노력한 것만큼은 틀림없는 사실이고, 최종 평가는 그 당시 부하 직원들이 했으리라 생각한다. 물론 그 때는 튜닝 리더십에 대한 의미를 잘 몰랐기에 그들에게 그런 단어를 사용한 적은 단 한 번도 없지만 말이다.

여기서 잠시, 다니엘 골만이 주장한 감성 지능의 4가지 영역을 간단히 학습해 보기로 하자.

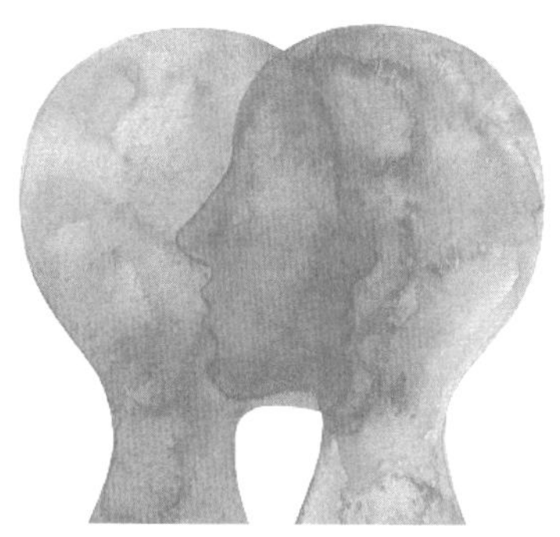

자기인식 능력

❶ 자신의 희, 노, 애, 락 감정 등을 정확히 읽고 그것의 영향을 깨닫는 것이다.

혹자는 이 자기인식 능력과 관련하여 다음과 같은 반론을 제기하기도 한다. "내 나이가 몇 살인데?", "회사에서 리더로만 10년 이상 근무 중인데, 내가 나의 감정을 인식하는 능력이 부족하다고?" 그러나 아쉽게도 자신의 감정 상태를 정확히 인식하지 못 하는 경우나 무의식적 혹은 반의식적으로 자신의 감정 상태를 다르게 인식하는 경우가 있음을 명심해야 한다.

교육 중에 수강생인 오 부장의 고백을 들었다. 회사에서 동료 부장에게 이런 말을 들었다고 한다. "오 부장, 어제 전략워크숍에서 화가 많이 났었나 봐? 인사팀장 발언에 평상시와 다르게 격하게 반응하고 말이야…." 그러나 정작 당사자인 오 부장은 "내가 무슨 화를 냈다고 그래. 난 단지 인사팀장의 복리후생 제도 개편안에 대해 의견을 말했을 뿐이야."라는 말을 건넸고, 동료 부장의 이어지는 말은 "그래. 나만 느낀 것이 아니라, 어제 전략 워크숍에 참석한 다른 팀장들도 오 부장이 평상시와 다르게 격했다고 하던데 뭐! 화난 게 아니면 다행이고…." 혹시 당신도 오 부장과 유사한 경험을 한 적은 없는가? 사례 속의 오 부장은 자신이 화낸 것을 인식하지 못하고 있다. 문제는 이런 일이 반복되면 자신도 모르게, 다음에 설명할 EQ의 두 번째 차원 중 하나인 자신의 감정 상태를 정확히 표현하는 능력이 저하됨은 물론, 타인과의 튜닝도 매우 어렵게 된다는 것이다. 그러므로 리더가 튜닝 리더십을 제대로 발휘하기 위해서는 현재 자신의 감정 상태를 정확하게 파악하는 것부터 시작되어야 한다.

그렇다면 자신의 감정 상태를 정확히 읽기 위해서는 어떤 노력이 필요할까? 첫 번째는, 희로애락으로 대표되는, 당신이 경험할 수 있는 다양한 감정 상태를 긍정적인 것과 부정적인 것으로 구분해 보는 것이다. 예컨대 긍정적인 감정의 종류로는 '편안한, 기쁜, 즐거운, 만족스러운, 호감가는, 포근한, 친밀한, 행복한, 뿌듯한, 재미있는, 자랑스러운, 만족스러운, 친절한' 등이 있다. 반대로, 부정적인 감정의 종류로는 '기억하기 싫은, 혐오스러운, 화난, 보기 싫은, 짜증나는, 기분 나쁜, 오싹한, 무서운, 두려운, 기분 더러운, 슬픈, 속상한, 울고 싶은, 역겨운, 격노한' 등이 있다.

자신의 감정 상태를 정확히 읽기 위한 두 번째는 잠자리에 들기 전에 하루의 일과 중 본인이 경험한 감정을 자신의 언어로 직접 기록해 보는 훈련을 해보는 것이다. 기분이 나쁜 감정이 어느 날은 불쾌한 감정일 수도 있고, 또 어느 날은 격노한 감정일 수도 있으므로 자신의 감정을 제대로 읽으려면 하루를 마무리하기 전에 그 상황을 떠올려서 자신의 언어로 직접 기록해 보는 훈련이 필요하다.

❷ 자신의 강점과 한계점을 인식하는 것이 자기를 제대로 인식하기 위한 또 하나의 요소이다.

우선은 당신의 한계점(단점)보다는 당신의 장점에 주목하고, 지금 당신의 강점을 10가지 이상 2분 안에 작성해 보기 바란다. 당신의 강점을 보다 효율적으로 작성하기 위해서 스트랭스파인더(StrengthsFinder, 갤럽에서 30년 동안 각 분야에서 뛰어난 200만 명의 인터뷰 결과를 토대로 개발한, 재능과 강점을 찾을 수 있도록 지원하는 자기발견 프로그램)의 34개 강점 중에서 7개를 인용하니 자신의 강점 작성에 어려움을 겪는 독자라면 참고하기 바란다.

1. 경쟁(competition) : 당신은 타인의 성과 등을 자신의 성과와 비교하는데 익숙하며, 승부에서 이기기 위한 노력과 투쟁심을 즐긴다.
2. 긍정성(positivity) : 칭찬에 관대하고, 주어진 상황에 긍정적인 면을 찾고, 낙관적인 성격으로 분위기를 좋게 만들며, 누군가가 당신의 에너지 넘치는 반응에 거부감을 보여도 쉽게 낙담하지 않는다.
3. 매력(woo) : 당신의 인간적인 매력을 말한다. 낯선 사람들과도 쉽게 대화하고, 사람 이름을 외운다거나 공통의 질문거리를 찾고 구사하는 능력이 탁월하며, 새로운 네트워킹을 하기 위한 기회를 창출하는 데도 월등하다.

4. 명령(command) : 당신은 자신의 의견을 자신 있게 피력하며, 자신의 목적에 타인들을 동참시키고 공유시키기 위한 노력을 한다. 그리고 타인과의 대립을 두려워하지 않으며, 통솔력이 강하다.

5. 책임(responsibility) : 당신은 본인이 구성원들에게 하겠다고 약속한 일이나 당신에게 부여된 일을 업무 경중과 무관하게 끝까지 완수하고자 한다. 만약 약속 이행이 되지 않는 경우, 상대에게 단순한 사과를 넘어 다른 방식의 보상에 대한 방법도 강구하고 실천한다.

6. 학습자(learner) : 당신은 배움에 대한 욕구가 강하며, 실제 새로운 것을 배우는 과정과 결과에 대해서 매료된다.

7. 조화(harmony) : 당신은 구성원들과 화합하는 것을 좋아하고, 갈등과 충돌을 최소화하기 위한 노력에 몰두한다.

당신의 강점을 적으시오.

①	②
③	④
⑤	⑥
⑦	⑧
⑨	⑩

자기관리 능력

❶ 자신의 희, 노, 애, 락 감정 등을 적절하게 표출하고, 특히 파괴적인 감정과 충동을 통제하는 것이다

자기감정을 정확히 파악하여 자기인식 능력이 향상된 것만으로 당신의 EQ가 높다고 단언할 수는 없다. 다음으로 이어져야 할 것은 바로 자신이 파악한 감정을 제대로 조율해서 적절히 표현해야 한다. 예컨대 "우리 회사 리더 중에 내 능력이 가장 떨어지는 것 같아." 등의 감정으로 자존감이 떨어지고 있다면 어떻게 할 것인가?

이런 감정을 제대로 관리하려면 자신의 노력이 필요하다. 셀프 칭찬 거리를 많이 만든다거나 자신이 잘한 부분에 대한 셀프 보상(예를 들면 평소에 사고 싶던 물건 사기)을 하거나 필자도 자주 하는, 거울을 보며 "너 오늘 강의 잘할 수 있어! 파이팅!" 등의 셀프 격려도 뜻밖에 큰 효과가 있을 것이다. 그뿐만 아니라 슬픈 감정을 누군가에게 보여주는 것이 리더로서 바람직하지 않다고 생각하여 애써 참으려고만 하지 말고, 타인이 안 보는 곳에서 실컷 소리 내어 우는 것도 방법이다. 때로는 리더의 진정성 있는 눈물도 구성원의 마음을 움직일 수 있다.

문제는, 파괴적인 감정은 리더로서 반드시 조절해야 한다는 것이다. 만일 자신도 모르게 화를 내고 있다거나, 화를 내고 시간이 지나 이성을 되찾고 자신이 한 행동을 후회한 적이 많다면 감정코칭 전문가들이 권하는 다음의 방법을 실천해 보기를 권한다.

1. 눈을 감고 10초간 복식호흡을 실시한다.
2. 자신에게 두 가지 질문을 던진다.
   ① 내가 화를 내면 이 상황이 해결될 것인가?
   ② 지금의 이 문제가 나의 건강보다 더 중요한가?

이 두 가지 질문에 '아니오'라는 대답이 나오면 멈추고, '예'라는 대답이 나오면 화를 표현하되, 감정을 조절하여 제대로 전해야 한다. 화난 상황 혹은 언짢은 상황에서 부정적인 표현을 하는 방법에 대해서는 이 책의 제6장 '소통 달인에 도전하자' 편에서 조금 더 자세히 다루기로 하겠다.

❷ 상황 변화에 유연하게 대처하는 적응력과 솔직함 등도 포함된다.

리더의 적응력은 조직이 당면한 현재의 문제를 잘 다루는 동시에 상황 변화에 적응하고, 장애 극복을 위해 유연하게 대처하는 것을 말한다. 리더의 솔직함이란 자신의 있는 그대로를 이해관계자들에게 보여주는 거짓 없는 진실성이라 하겠다. 당신에게 단도직입적으로 질문해 보겠다. "당신은 당신의 이해관계자들에게 적응력이 탁월하며, 솔직한 리더로 평가되고 있는가?" 리더가 팔로워만을 평가하는 시대는 끝났다. 360도 다면평가가 도입된 이후로 부하도 상사를 평가하는 시대에 살고 있기에 이 질문에 대한 'YES'의 답변을 기대해 본다.

사회적 인식능력

❶ 감정 이입 능력

타인의 감정을 정확히 파악하고, 그들의 생각에 민감하며 적극적으로 표현하는 능력을 말한다. 감정 이입 능력 향상을 위해 앞서 설명한 '4가지 창'의 내용을 한 번 더 읽어보기를 바란다.

❷ 서비스 능력

부하(조직 구성원) 직원과 고객의 욕구를 읽고, 부응하는 능력을 말한다. 이 능력을 향상시키기 위해 당신은 어떤 노력을 해야 할까?

예를 들어 당신이 택시를 이용할 경우 택시 기사에게 가장 기본적으로 기대하는 욕구는 무엇인가? 택시 잡기가 어려운 장소나 시간대의 택시 승차는 매우 어려운 일이다. 이런 경우 당신이 택시 기사에게 기대하는 가장 기본적인 욕구는 승차 거부 없이 태워 주는 것이 아닐까? (기본적 욕구 해결)

그러나 일단 승차하게 되면 당신은 또 다른 욕구가 생긴다. 교통 체증으로 약속시각에 늦을 수도 있다는 생각에 기사에게 "죄송하지만 조금 빨리 가 주셨으면 합니다. 제가 약속시각이 급해서요."라는 부탁을 하며, 휴대폰 실시간 내비게이션을 켜 놓고 약간의 지름길 훈수도 둔다. 고맙게도 그 기사는 내가 가자고 하는 길로 불만 없이 운전한다. (표면적 욕구 해결)

그런데 당신의 욕구는 여기서 멈추질 않는다. 기사에게 직접 말하기는 껄끄럽지만 이왕이면 추월도 자유자재로 하고, 차선변경도 효율적으로 하고, 때로는 보행자 없는 우회전 신호는 눈치껏 좀 더 빠르게, 그렇지만 매우 안전하게 운전하기를 기대한다. 마음이 그렇다는 것이다. 물론 이런 말까지 기사에게 할 수는 없다. 그런데 어찌된 일인지 기사가 당신의 마음을 읽은 듯이 운전을 하며, 신호 위반까지는 아니지만 황색신호를 순발력 있게 이용하며 운행하는 것이 아닌가? (심층적 욕구 해결)

그리고 그 택시는 예상한 것보다 빠르고, 안전하게 목적지에 도착했다. 10,200원의 요금이 미터기에 찍혔는데, 10,000원만 받는 것이 아닌가? 그리고 휴대폰 등의 소지품을 두고 내리지 않았는지 물으며, 명함 한 장을 당신에게 건네준다. 혹시 소지품을 두고 내린 것을 후에 알게 되면 명함의 전화번호로 연락하라는 인사말을 하며 택시 기사는 떠나간다. 정말 전혀 생각하지도 않았던 기대가 깜짝 놀랄만한 감동으로 충족된 것이다(WOW! 욕구). 지금 언급한 택시 기사는 서비스 제공자로서의 탁월한 튜닝 리더임에 틀림이 없을 것이다.

이렇듯 사람의 욕구는 첫째, 타인에게 말하지 않지만 이 정도는 분명히 해결될 것이라고 생각하는 '기본적 욕구'가 있다. 둘째, 타인에게 직접 자신이 원하는 것을 요청하는 '표면적 욕구'가 있다. 셋째, 타인에게 직접 요청하지는 않지만, 이 욕구가 달성되면 그 조직과 상대에게 감사의 마음을 갖게 되는 '심층적 욕구'가 있다. 넷째, 본인도 전혀 생각하지 못했던 '잠재된 욕구'가 상대로부터 해결되면 욕구를 해결해 준 상대와 조직의 열렬한 팬이 될 수 있는 'WOW 욕구'가 있다.

그렇다면 이 4개의 욕구를 당신의 일터나 공동체 혹은 가정에 적용해보라. 우선 당신의 이해관계자들이 가진 4단계의 욕구를 얼마나 구체적으로 파악하고 있는가? 단순한 파악을 넘어 리더로서 당신은 그 욕구 충족에 얼마나 도움을 주고 있으며, 때로는 해결책을 제시해 주고 있는가? 이 도움과 해결책이 당신 주변의 이해관계자들의 마음을 읽는 사회적 인식 능력의 감정 이입이며, 튜닝 리더십 수준이 될 수 있다. 리더십은 타인을 통해 본인도 성공하고 성장하는 과정이므로 리더 또한 타인의 감정을 제대로 읽고 상대의 마음을 움직이게 해야 한다.

[4단계 욕구]

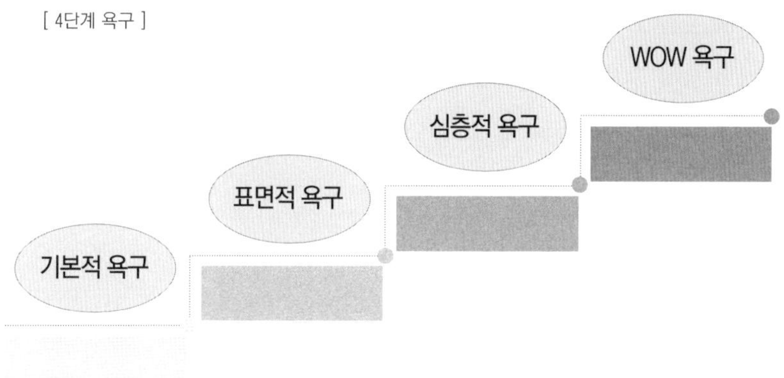

관계관리 능력

자신의 감정과 타인의 감정을 적절히 연결시키는 능력으로 ① 타인을 동기부여하고, ② 타인과의 관계를 좋게 만들어 효과적으로 유지하는 능력, ③ 팀워크를 이끌어내는 능력 등이 포함된다. '관계관리 능력'은 앞서 설명했던 감성 지능의 세 가지 차원(자기인식, 자기관리, 사회적 인식)의 능력에 따라 그 성패가 결정된다고 할 수 있다. 왜냐하면 '관계관리 능력'을 향상하기 위해서는 자신의 감정을 정확하게 읽고, 타인과의 감정이입을 통해 자신의 감정을 적절히 조절하여 표출해야 하기 때문이다. 즉, 타인의 감정 상태와 자신의 감정 상태를 올바르게 튜닝해야 한다고도 말할 수 있다. 그런 의미에서 튜닝 리더십을 관계관리 리더십으로 명명해도 좋을 것이다.

예를 들어보자. 당신이 이번 임원 인사에서 이사로 위촉되었고 당신의 절친 동료가 제외되었다면, 그 동료가 함께한 승진 축하파티에서 어떻게 해야 할까? '관계관리 능력'이 탁월한 튜닝 리더라면 당신은 절친의 눈치를 보며, 즐겁고 흥분된 감정을 제어할 것이다. 그리고 승진에 누락된 당신의 절친 또한 우울한 자신의 감정을 되도록 자제하고, 당신의 승진에 대해서는 최대한 축하를 표하며 분위기를 다운시키지 않으려 노력할 것이다. 아니면 더욱 신나고 즐거운 승진 축하파티가 되도록 당신의 절친은 미리 양해를 구하고 그 파티엔 참석하지 않고, 별도로 둘만의 식사를 통해 축하와 위로를 겸하는 시간을 보낼 수도 있을 것이다. 물론, 베스트 시나리오는 이번 승진 인사에 당신과 절친 동료가 함께 포함되는 것이다.

실천 과제 [4.3.1]

감성 지능의 네 가지 차원 중, 당신이 부족한 것 한 가지를 기록해 보고, 그것을 향상하기 위한 구체적 실천 계획을 수립해 보자(특별히, 당신의 이해관계자 1인을 지정하여 감성지능을 어떻게 활용할 것인가에 대한 계획을 수립해 보기 바란다).

04

기회적 사고로 튜닝하자

생각 바꾸기 연습

――――――― 당신은 누군가와 대화하거나 어떤 상황에 직면했을 때, 주로 어떤 사고 패턴을 가지고 있는가?

학자 '토머스 쿤(Thomas S. Kuhn)'은 그의 저서 <과학혁명의 구조>에서 세상을 바라보는 관점을 '패러다임(생각, 사고)'이라고 했고, 이 패러다임을 다른 형태로 전환하는 사고방식을 '패러다임 시프트(사고의 전환)'라고 했다. 핵심은 '당신은 어떤 패러다임으로 사람과 상황을 보고 있으며, 패러다임 시프트를 적절히 구사하고 있는가?'이다. 즉, 이러한 패러다임의 패턴 중 어떤 것을 선택하는가에 따라 당신의 튜닝 리더십 역량은 달라진다는 것이다.

네 가지 대인관계 패러다임

아이를 키워 본 적이 있는가? 아이가 우리말을 배우기 전까지 갓난아이들은 자신의 의사를 대부분 울음으로 표현한다. 그렇다면, 아이는 주로 언제 우는가? 나의 두 자녀를 통해 기억을 되살려보면 보통 4가지 이유로 아이들이 울었던 것 같다. 첫 번째, 배가 고프면 운다. 두 번째, 배설하면 운다. 세 번째, 잠투정으로 운다. 네 번째, 몸이 아프면 운다. 이렇게 아이가 울면 아빠 엄마는 열 일 제쳐놓고 아이에게 다가가서 우선 기저귀를 확인하고 젖었으면 바로 교체해 준다. 그리고 젖병도 입에 물려주고, 아이를 품에 안고 잠이 들 때까지 재워준다. 그 순간 아이는 어떤 생각을 할까? 아마도 이런 생각을 하지 않을까? '정말로 세상 괜찮다. 내가 울면 모든 게 해결되는구나. 나도 괜찮고, 아빠 엄마도 모두 괜찮다(I'm OK. You're OK).'

그러나 말을 배우기 시작하고, 동생이 생기면 생각이 달라진다. 항상 내 편이고 나만 최고로 생각했던 부모가 나에게 화를 내기도 하고, 동생만 예뻐하는 것 같은 느낌을 받게 된다. 아이는 매우 속상하다. 그러나 어쩔 수 없다. 자신보다 강한 부모에게 대들 수가 없기 때문이다. 자신은 나약하고 부모는 강한 사람이라는 사고 패턴(패러다임)을 간직하게 된다(I'm not OK. You're OK).

그런데 이 시점에서 사고 패턴이 또 바뀌게 된다. 마치 이솝우화에 등장하는 여우가 말하는 '신포도'와 같은 원리이다. 자신의 키가 작고 점프 능력이 부족하여 포도나무에 열린 맛있는 포도를 먹지 못했으나, 포도가 원래부터 매우 신맛이 나기 때문에 먹지 않았다고 합리화하는 것과 유사하다. '내가 원래 괜찮은 사람인데, 부모나 동생이 이상해서 나를 힘들게 하는 거야(I'm OK. You're not OK)'라고 생각한다. 이런 마음을 품고 부모 몰래 자신의 사랑을 빼앗아 간 동생을 간혹 꼬집고, 또 시치미를 떼기도 한다. 그러나 꼬리가 길면 잡히는 법, 동생을 때리는 모습이 부모에게 발각되어 체벌을 받기도 한다. 이런 일이 반복되면 결국, 그 아이는 자신의 나약함과 함께 부모를 포함한 모두가 좋지 않은 사람이라는 생각에 이르게 된다(I'm not OK. You're not OK). 중요한 것은 이런 사고 패턴의 변화가 갓난아이에게만 해당하는 것이 아니라 어른에게도 해당한다는 것이다. 한 신입사원의 예를 들어 보자.

I'm OK. You're OK. (자타 긍정)

그는 학창시절 최고의 스펙을 쌓아서, 어려운 경쟁을 뚫고 그 어렵다는 정규직 공채 신입사원으로 당당히 입사한다. 본인의 능력에도 대단한 자부심을 느끼고, 그런 인재를 뽑아 준 회사 임직원의 안목에도 후한 평가를 하게 된다.

I'm not OK. You're OK. (자기부정 & 타인긍정)

그러나 신입 교육 이후 부서 배치가 되면서 그의 기대는 조금씩 깨지기 시작한다. 업무 실수로 인해 상사에게 꾸중을 받는 횟수가 늘어날수록 그는 자신감을 상실하게 되고, 상사의 힘은 더 강하게 느껴지기 시작한다.

I'm OK. You're not OK. (자기 긍정 & 타인부정)

이런 일이 반복될수록 자신을 방어하기 위한 합리화를 하기 시작한다. '나는 원래 뛰어난 능력자인데, 상사가 이상한 사람이야. 나의 능력을 몰라주는 상사가 문제 있는 사람이지.'

I'm not OK. You're not OK(자타 부정)

마지막 단계로 '내가 평생 이곳에서 근무할 것은 아니잖아. 그냥 뭐 대충 사는 거지. 내가 발버둥 친다고 되겠어. 나도 상사들도 어쩔 수 없는 사람들인데, 나나 그들 모두 이렇게 살다가 죽는 거지.'라는 자포자기 생각으로 사회생활을 근근이 지탱하는 것이다.

기회적 사고 선택 & 연습

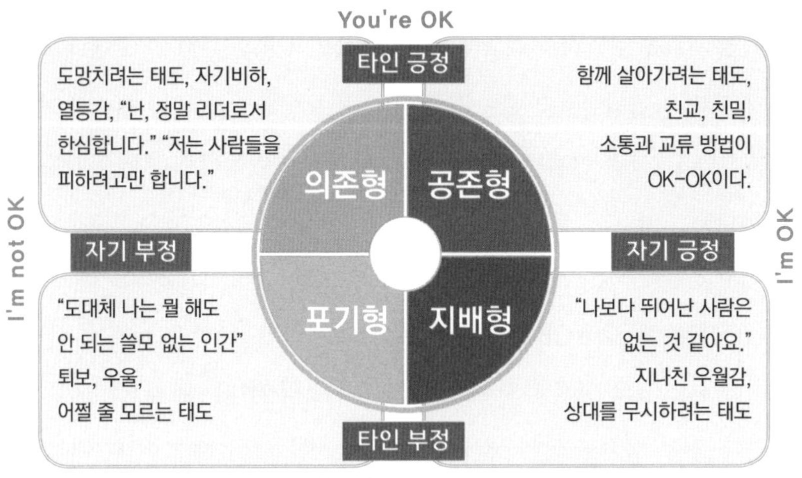

당신의 패러다임은 지금까지 언급한 네 가지 방식 중 주로 어디에 해당 하는가? 'I'm OK. You're OK.' 리더로 살아가려면 어떻게 할 것인가? 나는 이미 당신에게 선택권이 있다고 여러 차례 언급했다. 상대방을 바꿀 수 없고, 상황을 변경시킬 수 없다면 반전 드라마를 쓸 수 있는 가장 좋은 방법은 사고의 방식(패러다임)을 스스로 선택하는 것이다. 이왕이면 갓난아이 시절이나 신입사원 시절에 당신이 처음으로 가졌을 법한 'I'm OK. You're OK 사고'를 다시 선택하기 바란다. 이런 사고를 리더십에서는 '기회적 사고'로 명명한다. 나와 상대에 대해서 긍정적인 면과 장점에 집중하는 사고를 일컫는 것이다. 기회적 사고의 반대말은 나와 타인의 부정적인 측면과 단점에 주목하는 '장애적 사고'이다. 신체적 단점과 장애를 극복하고 인생을 성공적으로 사는 사람들도 있다. 반대로 신체는 건강하지만 사고(패러다임)의 장애로 인해 무능한 리더로 살아가는 사람도 있다. 할 수만 있다면, 아니 반드시 당신만은 기회적 사고로 전환된(패러다임 시프트) 리더로 살아가기를 바란다.

물론, 단 한 번의 선택으로 갑자기 사고(패러다임)가 변화하지는 않는다. 연습이 필요하다. 사랑도 연습이 필요한 것처럼, 튜닝 리더십 실천을 위한 기회적 사고 선택에도 연습이 필요하다. 당신에게 연습 방법 한 가지를 소개하기로 하겠다. 아래의 표 왼쪽에 있는 단어들은 장애적 사고로 어떤 사람이나 상황을 본 것들이다. 지금부터 당신은 오른쪽 빈칸에 기회적 사고로 바꾼 단어를 기재해야 한다. 이 생각의 전환 연습은 당신이 튜닝 리더십을 실천하는 데 도움이 될 것이다.

생각의 전환 연습

장애적 사고	기회적 사고
① 건방진	① 자신감 있는
② 아부하는	
③ 톡톡 튀는	
④ 나서는(설치는)	
⑤ 소심한	
⑥ 엉뚱한	
⑦ 냉정한	
⑧ 수다스러운	
⑨ 의존심이 강한	
⑩ 경솔한	

작성해 보았는가? 만만하지 않을 수도 있다. 당신의 연습에 도움을 주고자 예를 들어 보기로 하자. 내가 직장 생활을 할 때 후배 중에 신입사원 C씨가 있었다. 180㎝가 넘는 훤칠한 키에 얼굴이 하얀 남자 직원이었다. 내가 C에게 붙여준 별명이 하나 있었다. 중국 고사성어에 등장하는 '거안제미(擧案齊眉)'였다. '거안제미'란 아내가 밥상을 눈썹과 가지런하도록 공손히 들어 남편에게 가지고 간다는 뜻으로 '남편을 깍듯이 공경함'이라는 의미이다. 그런데 왜 C에게 '거안제미'라는 별명을 붙여 주었을까? 그 큰 키에 허리를 숙여 팔을 쭉 뻗어 결재판을 자신의 눈썹 부분에 맞추고, 앉아 있는 나에게 결재를 올리는 모습을 보니 학창시절에 배웠던 그 고사성어가 생각났기 때문이었다. 지금 같으면 그런 후배 직원을 찾기가 만만치 않을 것이다. 어쨌거나 그 모습이 약간은 우스꽝스러웠지만, 상사를 향한 예의 바른 마음만큼은 진심으로 느낄 수 있었다. 이런 모습을 상사인 나나 주변 동료들이 '저 친구, 너무 아부하는 것 아니야.'라고 생각하는 것보다는 '예의 바른 친구네!'라는 생각의 전환을 했기에 그와의 관계도 돈독해지고 그와 튜닝하는 데도 훨씬 효과적이었다. 실제 그는 일도 잘하는 직원이었고, 주변 사람들에게도 좋은 평판을 받았다. 앞으로 C와 같은 후배를 만나기는 어려울 것이다. 현재 ○○사에서 부장으로 있는 그도 이제는 후배들에게 자신과 같은 모습을 보여주는 것이 예의 바른 직원이라고 강요할 리 없겠지만, 사고의 선택이 C를 다르게 볼 수 있었다는 것은 틀림없는 사실이었다. 돌이켜 보면, C를 아부의 달인이 아니라 예의 바른 직원으로 보는 사고의 전환이 그와 튜닝할 수 있었던 좋은 방법이었으며, 그 결과 그의 잠재능력도 더 잘 발휘된 것 같았다. 그러므로 기회적 사고에 초점을 맞추면 상대의 단점조차 장점으로 보일 수 있는 마법과 같은 일이 발생할 수 있다.

그러나 상대의 단점이 전체 조직의 화합을 깨뜨리거나 본인의 장래 발전을 저해하는 걸림돌이 된다는 판단이 서면, 리더는 책임자로서 상대의 단점 보완을 위해 도움을 주어야 하는 책임과 의무가 있다.

부정적 셀프 토크와 이별하기

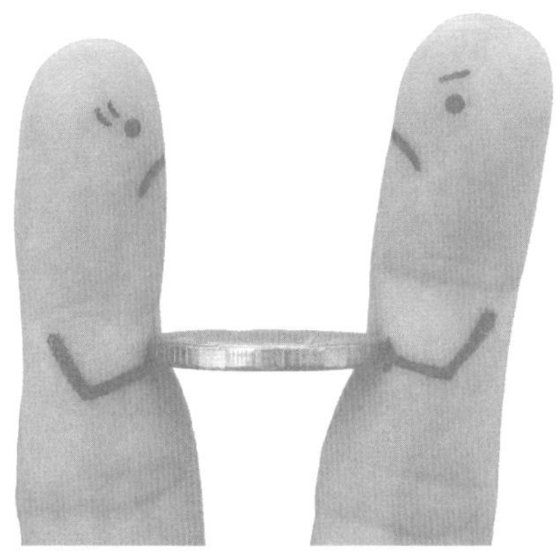

'I'm OK. You're OK 사고'를 촉진하기 위한 리더로서의 두 번째 실천 방법은 무엇일까? 그것은 부정적 셀프 토크(Negative Self Talk)와 이별하는 방법이다. 부정적 셀프 토크는 마치 연극에서 배우들이 자신에게 던지는 말과 같은 것으로써, 말 그대로 부정적인 의미를 담고 있다. 이 부정적 셀프 토크로부터 의도적으로 벗어나기 위해서는 우선 당신이 하는 부정적 셀프 토크의 유형을 파악해야 한다. 총 6가지의 부정적 셀프 토크의 사례를 확인해 보자.

❶ 이분법적 극단적 사고

'우리 팀의 이번 프로젝트는 실패다.' 완벽한 것이 아니면, 모두 실패로 인식하는 극단적 사고를 말한다.

❷ 자신과 상대에게 부정적인 라벨(딱지) 붙이기

'나는 쥐뿔도 없어.' '우리 팀 박 대리는 원래 꼴통이야.' 무조건적으로 부정적인 생각을 하고 말하는 것을 의미한다.

❸ 문제와 존재를 동일시하기

'팀원이 작성한 사업계획서의 오류도 발견하지 못하는 팀장인 나는 정말 바보천치야.'라고 자조한다. 동료들이 계속 아니라고 하지만, 본인은 계속 바보라고 셀프 토크함은 물론 주변 사람들에게도 그렇게 말하고 다닌다.

❹ 속단하기(쉽게 비관하거나 당연하다는 듯이 낙관적인 결론을 내는 것)

'우리 팀은 이제 망했다!', '걱정들 붙들어 매라니까! 다 잘 될 거야!' 등의 즉각적인 속단은 오히려 구성원들의 의욕을 꺾을 수 있다. 그리고 지나친 낙관은 실패 가능성에 대비할 준비가 부족할 수도 있고, 일이 잘 안 풀렸을 때 팀원에게 더 큰 실망을 안길 수 있다.

❺ 과잉 일반화의 사고

'B형 직원들은 늘 변덕이 죽 끓고, 매사에 자기 이익만 챙겨서 질색이야….' 라든가 'O형은 항상 말만 번지르르하고 시키기만 해서 손이 정말 많이 가는 성격에 허당이라니까!' 이런 생각에, 신입사원이 팀에 배속되면 은근슬쩍 혈액형을 확인하는 리더도 있다. 만일 당신이 구성원들과의 대화 중에 '항상, 늘, 매사' 등과 같은 수식어를 사용하고 있다면 과잉 일반화의 사고에 빠져있을 가능성이 있다.

❻ 잘못된 마음 읽기

'오후에 거래처 김 부장과 협상이 있는데, 내가 제안한 솔루션에 대해서 사사건건 딴죽을 걸고, 다짜고짜 다시 제안하라고 할 텐데 이걸 어쩐다.' 혹시 이런 종류의 셀프 토크를 해 본 경험이 있는가? 고려의 태조 왕건과 겨루었던 궁예에게는 사람의 마음을 꿰뚫어 볼 수 있는 능력인 '관심법'이 있었다고 한다. 과연, 현실에서의 당신에게도 궁예와 같은 관심법이 있는가? 아마도 아닐 것이다. 그럼에도 불구하고, 협상 테이블에 나가기도 전에 '김 부장이 딴죽 걸고, 다시 제안서를 가져오라고 할 것이다.'라는 부정적 셀프 토크는 아직 발생하지도 않은 일에 대한 걱정이며, 현실을 제대로 직시하지 못한 왜곡된 사고로 갈 확률이 높다.

상황을 있는 그대로 받아들이기

'I'm OK. You're OK 사고'를 촉진하기 위한 리더로서의 세 번째 실천 방법은 무엇일까? 바로 상황을 있는 그대로 받아들여야 한다는 것이다. 상황을 있는 그대로 수용하기 위한 노력은, ① 저조한 상황 혹은 발생한 문제의 크기만큼만 수용하면 된다. 예컨대 이번 달 당신 팀의 영업실적이 저조했다. 그러면 영업실적 부진으로 '다른 대인관계나 미래의 실적도 좋지 않을 것이다.'라는 생각을 하는 것은 지극히 잘못된 사고 패턴이다. ② 사람과 문제를 분리해야 한다. 이번 달의 영업 부진의 문제와 자신의 존재 자체와는 별개라는 인식이 필요하다. 반대로, 이번 달 실적이 좋았다고 '내가 모든 것에 유능하다.'라는 생각도 억측일 수 있다. ③ 근거 중심적 판단이 필요하다. 즉, 촉에만 의존하는 주관적이고 감정적 판단으로 일관하기보다는 객관적 사실을 우선적으로 확인해 봐야 하며, 리더라면 특히 '카더라 통신'(근거가 부족한 소문이나 추측을 마치 사실처럼 전달하거나 소문을 의도적으로 퍼뜨리는 사람 또는 기관을 비유적으로 일컫는 말)에 유의해야 한다.

OK 사람들과 의도적으로 만나기

'I'm OK. You're OK 사고'를 촉진하기 위한 리더로서의 네 번째 실천 방법은 의도적으로 'OK맨'들을 찾아서 그들과 가까이하고, '투덜이' 혹은 '징징이'들을 당신의 곁에서 멀리 떨어뜨리는 것이다. 당신만 만나면 "힘들어 죽겠어!", "불경기가 너무 오래 지속이 돼서 미칠 것 같아!", "먹고 죽을 돈도 없어!" 이런 말도 한두 번 듣는 것이지, 계속 접하게 되면 왠지 당신도 그들의 말처럼 그렇게 되어가고 있다는 현실을 경험하게 될지도 모른다. '근묵자흑(近墨者黑) 근주자적(近朱者赤)'의 의미를 알고 있을 것이다. '주변에 나쁜사람과 어울리면 자신도 모르게 나쁜 사람이 되고, 좋은 사람과 어울리다 보면 자신도 모르게 좋은 것만 보고 좋은 것만 생각하니 좋은 사람이 된다.'라는 의미를 다시 한 번 되새겨 보기를 바란다.

리더십은 한마디로 긍정적 영향력이라 했다. 그리고 전염성이 매우 강하다고도 했다. 당신도 누군가로부터 좋은 영향을 받아 뛰어난 리더가 되고, 당신의 부족한 이해관계자들 또한 당신의 긍정적인 영향력을 통해 당신을 능가하는 또 다른 위대한 리더가 되는 지하철 2호선과 같은 선순환이 지속되기를 기대한다.

지금까지 'I'm OK, Yore're OK'(자기긍정, 타인긍정) 패러다임을 촉진하기 위한 기회적 사고의 중요성과 연습 방법에 관해 설명했다. 그리고 OK 사고 촉진을 위한 또 다른 방법으로 부정적 셀프 토크의 유형을 파악하고 자신이 처한 상황을 있는 그대로 받아들이기 위한 셀프 훈련법과 OK 사람들과 의도적으로 관계 맺기 등에 대해서도 언급했다. 지금까지 학습한 내용을 토대로 한 아래의 과제 수행을 통해서 당신의 OK 사고를 촉진시키기 위한 셀프 훈련을 지속하길 바란다.

실천 과제

[4.4.1]

지난 일주일간 당신이 했던 부정적 셀프 토크의 사례 등을 기록해보고, 긍정적 셀프 토크로 전환하기 위해 빈칸을 채워보시오.

내가 사용한 부정적 셀프 토크는?	부정적 셀프 토크의 결과로 생긴 왜곡된 사고의 형태는?	부정적 셀프 & 왜곡된 사고가 자신에게 미친 부정적 영향은?	향후, 긍정적 셀프 토크로 전환한다면 어떻게 바꾸겠는가?

05

맞춤형 동기부여로 튜닝하자

나만의 '칼레의 기적' 만들기

이 장에서는 리더로서 스스로를 튜닝하기 위한 실천 방법에 관해 이야기하고 있다. 전반부에서 당신은 리더십 진단을 통해 자신이 어떤 리더십에 가까운가를 확인해 보았다. 그런데 당신이 어떤 유형의 리더십을 발휘하든지 간에 중요한 원칙 한 가지가 있다. 그것은 '당신과 당신의 이해관계자들을 끊임없이 동기부여 시켜야 한다.'라는 것이다.

여기서 잘 알려진 스토리 하나를 소개하고자 한다. 당신은 '칼레의 기적'이란 스토리를 들어본 적이 있을 것이다. 2000년 5월 프랑스 파리 생드니 구장에서 열린 FA컵 결승전, 아마추어 4부 리그팀으로 1,000명 수용의 작은 홈경기장을 보유하고 있는 칼레는, 프랑스 1부 리그 팀인 FC 낭트와 수만 명이 운집한 가운데 관중의 열띤 응원전 속에 90분 경기를 시작했다. 현대판 다윗과 골리앗의 싸움이 연상되지만, 과연 경기 결과 어느 팀이 몇 대 몇으로 승리했을까? '칼레의 기적' 타이틀에 맞게 칼레가 승리했을까?

칼레는 강팀과의 시합에서 선제골을 기록하고 선전했으나 아쉽게도 2

대1로 역전패하고 준우승을 차지하는 데 만족해야 했다.

그렇다면 무슨 '칼레의 기적'이라는 말인가? 사실 '칼레의 기적'은 경기 전부터 이미 시작되었으며, 결승전 종료 이후 극에 달했다. 시상식에서 낭트의 주장은 칼레팀 주장의 손을 잡고 우승컵을 함께 들어 올리는 감동적인 장면을 연출했다(사실 낭트의 역전 골은 슬로우 비디오 확인 결과 심판 오심에 의 한 페널티킥 골이었음으로 관중들의 야유도 대단했기에, 승리 팀조차 마음껏 기뻐하기가 어려운 상황이었다). 그뿐만 아니라, 경기 후 관중석에서 경기를 지켜보던 시라크 대통령의 인터뷰가 압권이었다. "오늘 실제 경기 결과 승리 팀은 낭트지만 지난 1차전부터 결승전까지 우리에게 감동과 희망을 선사한 우리 마음속의 또 다른 승리 팀은 칼레이다. 낭트는 결과에서, 칼레는 정신에서 이겼다."라는 즉석 인터뷰가 전파를 타고 세계 언론사로 전파되면서 칼레의 기적이 사람들에게 회자되기 시작했다. 지금도 모든 단체 스포츠에서 약팀이 강팀을 상대로 승리하면 또 다른 칼레의 기적이 일어났다고들 한다.

그러나 우리를 놀라게 한 것은 그들의 경기 결과보다 칼레팀 선수들의 본래 직업이었다. 알려진 바로는, 팀의 주장은 슈퍼마켓 사장, 공격수는 유통업체인 까르푸 직원, 그리고 선수들 대부분은 공무원부터 정원사, 일반 자영업자까지 다양한 직업에 종사하고 있었다. 이런 아마추어 팀이 축구만을 직업으로 하는 프로팀을 상대로 연승을 거두며 결승까지 올라왔으며, 또 결승에서 당대 프랑스 최고의 팀과 대등한 시합을 벌일 수 있었다는 자체만으로도 기적적인 일이었다.

지금까지의 이 이야기는 많은 언론을 통해 소개된 것이므로 그리 신선하지 않다. 그러나 이 스토리보다 더 중요한 것은 그들이 프로팀들을 연파하고 결승전까지 올라가 대등한 시합을 할 수 있었던 원동력, 즉 그들을 동

기부여시킨 요소가 무엇이었을까? 이 동기부여 요소와 관련한 또 다른 그들의 일화가 있다. 칼레 선수들은 출근해서 퇴근할 때까지 그들의 일터에서 근무해야 한다. 때로는 고객 때문에 스트레스 받고, 상사에게 혼이 나기도 하고, 또 계획에 차질이 생겨 업무가 지연되기도 한다. 그러나 그들은 퇴근시간 이후 2~3시간 동안 그들이 좋아하는 축구 훈련을 한다는 생각에 일의 집중력이 높아지고, 근무시간이 빠르게 흘러가고 지친 심신이 오히려 회복되는 느낌을 받았다고 한다. 그들에게 축구는 재미(fun) 자체다. 그 덕분에 일도 재미있는 것으로 전환된다. 즉, 그들을 동기부여시킨 첫 번째 요소는 재미(fun)다. 일을 통한 재미이고, 또 그것은 퇴근 후 축구를 통한 재미로 이어진다.

두 번째 동기부여 요소는 무엇일까? 칼레 선수단 중에 1차전부터 결승전까지 선발이나 교체 멤버로 단 한 번도 뛰지 못한 선수가 있다. 그러나 실전에 투입되지 못한 칼레 선수들은 이렇게 말한다. "솔직히 아쉽기는 하지만 난 칼레라는 유니폼을 입고 벤치에 앉아있는 자체만으로도 행복했고, 자랑스러웠습니다. 나는 벤치에서 경기에 출전 중인 우리 선수들과 똑같은 마음으로 함께 뛰었습니다." 경기에 출전하는 것도 중요하지만 '우리는 하나의 팀'이라는 생각과 실천이 더 중요했던 것이다. 결국, '우리는 One Team'이라는 마음이 그들을 두 번째로 동기부여 시킨 자긍심(pride)으로 전이된 것이다.

세 번째 동기부여 요소는 무엇일까? 칼레 선수들은 프로선수들과 치른 3차전에서 늘 텔레비전으로 지켜보던 유명 스타급 선수들을 만나게 된다. '언제 또 이런 스타들과 경기할 수 있을까?'하는 마음으로 부담감 없이 최선을 다해 경기했는데, 100%의 실력 발휘와 운도 따라 주어서 예상 밖의 승리를 할 수 있었다. 그들은 경기 종료 후, 상대 선수들과 포옹하며 유니폼 교환을 제의한다. 칼레 선수들은 그 후 수많은 지인에게 스타 선수의 유니폼을 보여주며, 자신의 경험에 자긍심을 더한다. 그리고 칼레 선수들에게는 새로운 목표가 생긴다. 토너먼트에서 승리할 때마다 더 유명한 최고의 스타 선수들을 계속 볼 수 있게 되고, 또 그들에게 평생 기억에 남을 만한 유니폼도 받을 수 있을 것이다. 그들은 비록 결승전에서 패배했으나, 목표는 이룬 것이다. '스타들과 계속 경기해보자.'라는 목표와 함께 계속된 승리는 어쩌면 그들이 즐기는 축구를 전업으로 할 수 있는 프로선수로서의 목표도 이룰 수 있다는 새로운 꿈을 만들게 된 것이다. 이를 통해 알 수 있는 동기부여의 세 번째 요소는 이 일을 왜 하는지에 대한 분명한 목표(why)이다.

'일을 통한 재미(fun)', '일에 대한 자긍심(pride)', '일과 삶에 대한 분명한 목표(why)' 이 세 가지는 동기부여의 중요한 요소들이다. 그리고 이 세 가지 이외에 또 다른 한 가지가 더 있다.

'칼레의 기적' 스토리에 담겨있는 마지막 네 번째 동기부여 요소가 핵심이다. 칼레의 코칭스태프(리더)는 연습 중이나 경기 전 선수들에게 이렇게 말한다. "연습은 실전처럼 실전은 연습처럼 그리고 축구를 즐겨라. 즐거운 상상을 하라. 패스가 득점으로 연결될 때의 즐거움, 기막힌 슬라이딩 태클로 위기를 벗어날 때의 즐거움, 당신들이 축구를 통해 즐길 수 있는 것들을 지속적으로 찾아라.", "우리는 칼레다. 당신들의 유니폼에 부착된 칼레 로고에 자긍심을 더하라. 주전 선수들은 교체 멤버를 포함한 나머지 벤치 멤버에게 감사하라. 그리고 교체 멤버는 주눅 들지 말고 팀의 일원이라는 것에 자긍심을 갖고, 주전이 되기 위해 계속 준비하고 노력하라. 비록 최대 1,000여 명이 찾는 곳이지만 홈구장의 팬들을 위해서라도 우리는 최선을 다해야 한다. 팬과 팀 그리고 자신을 위해 좋은 경기를 해야 하는 것은 선수로서의 책임이고 목표다." 감독을 포함한 코칭스태프는 선수들이 축구의 재미(fun), 팀에 대한 자긍심(pride), 경기의 분명한 목표(why)를 잊지 않고, 연습과 실전에서 능력을 발휘할 수 있도록 그들에게 끊임없이 동기부여를 했던 것이다. 그렇다면 칼레의 코칭스태프(리더)들이 선수들을 지속적으로 자극했던 튜닝 리더십 차원의 동기부여 방법에 대해서 구체적으로 살펴보기로 하겠다.

기대감으로 동기를 부여하라

한 남성이 연애의 달인으로부터 드라마 속의 주인공처럼 피아노 연주를 하며, 감미로운 목소리로 연인에게 프러포즈를 해보라는 권유를 받았다. 그러나 프러포즈까지는 일주일 정도만 남아 있었는데, 아쉽게도 그 남성은 피아노를 배운지 고작 2주밖에 되지 않았다. 과연 그 연애 달인의 권유는 남성의 마음을 피아노 연습에 몰입할 수 있도록 움직일 수 있을까? 상식적으로 성인이 악기를 배운지 3주 만에 감미로운 노래와 함께 연주를 자유롭게 병행한다는 것은 거의 불가능하다. 아무리 연애의 달인이 독려하고 그 프러포즈의 효과가 뛰어나다 해도, 그 남성은 실제로 프러포즈용으로 피아노 연습에 몰두하지 않을 것이다. 노력해도 일주일 이내에 성과물을 얻을 수 없다는 판단 때문이다. 차라리 음원 파일로 피아노 연주를 대신하고 목소리를 가다듬는 편이 훨씬 더 효율적일 것이다. 물론 프러포즈의 감동은 반감되겠지만 말이다. 아니면, 연인을 감동시킬 수 있는 좀 더 기발하고 실질적인 대안을 찾아 노력하는 편이 나을 것이다. 그런데 동기부여와 피아노 연주가 무슨 연관이 있기에 드라마 프러포즈 사례까지 이야기하고 있는 것일까? 간단히 정리해보자. 사람의 마음을 움직여서 기대를 유발시키고, 그 결과 실질적인 노력을 유발하게 하는 동기부여에는 다음과 같은 공식이 성립할 수 있다.

동기부여 1단계

"노력하면 충분히 성과를 낼 수 있다."라는 기대치가 사람의 마음을 움직인다.

당신이 리더라면 수많은 이해관계자에게 "네가 노력하면 충분히 성과를 낼 수 있다."라는 자신감을 심어주고 독려하는 것이 효과적일 것이다. 바꾸어 말하면, 리더가 구성원들의 현재 업무 능력이나 시장 상황들을 고려할 때, 도저히 달성할 수 없는 무리한 목표 수립을 독려한다면 이것은 구성원의 동기를 자극하는 것이 아니라 오히려 그들의 기대 자체를 좌절시킬 수 있다. 리더는 구성원의 개인별 능력에 따라 구성원 스스로 '내가 노력하면 성과를 창출할 수 있다는 기대'를 갖게 하는 맞춤형 동기부여 전략으로 튜닝해야 함은 당연한 것이다.

동기부여 2단계

"성과를 내면 뭔가 보상이 뒤따를 것이다."

중학교 3학년 내내 학업 성적이 중위권인 딸아이에게 "다음 시험 때 전교 10위 안에 들면 네가 원하는 것을 모두 해 주겠다."라는 부모의 동기부여는 오히려 자녀의 의욕을 상실시킬 가능성이 있다. 이것은 이미 동기부여 1단계에서 설명했다. 그러나 중학교 2학년까지 전교 20위권이었던 자녀의 잠재 가능성을 볼 때, "다음 시험에서 전교 10위 안에 들면, 네가 원하는 것을 모두 해 주겠다."라는 부모의 동기부여 방법은 아이의 기대를 자극할 만한 도전 가능한 수준일 것이다. 정말 그 아이는 2개월간 밤을 지새우며 열심히 공부하여, 전교 10등의 성과를 얻어냈다. 그렇다면, 그 아이에게 동기부여가 된 것은 무엇인가? 성과가 보상으로 연결될 거라는 기대였다. 아무튼, 아버지는 전교 10위권에 든 자녀에게 약속대로 큰 보상을 해 주었다. 깜짝 이벤트의 목적으로, 그 또래 아이들이 좋아하는 최신형 휴대폰과 고급 외투를 선물했고, 진심으로 수고했다는 말 또한 전했다. 그러나 아이는 어두운 표정으로, 자신의 방으로 들어가면서 "내가 진정으로 원하는 게 휴대폰이나 외투가 아니란 말이야!"라고 울음 섞인 말로 투정한다. 왠지 상투적인 삼류 드라마의 장면처럼 보이지만 드라마의 장면보다는 동기부여 관점으로 이해하기를 바란다. 왜 아버지의 생각과는 전혀 다른 상황이 발생했을까? 다음의 동기부여 3단계를 통해 확인해 보자.

동기부여 3단계

"그 보상(outcome)이 내 욕구에 부합하는가?"

중학교 3학년인 그 아이가 원했던 진정한 보상은 그녀의 말대로 최신형 휴대폰이나 최고급 외투가 아니었다. 부모가 자신이 보는 앞에서 다투지 않고, 1년 전과 같이 행복한 부모의 모습으로 돌아가는 것이었다. 그리고 맞벌이 부모인 그들이 자신에게 좀 더 따뜻한 사랑을 보여주는 것이었다. 그러므로 이 경우 부모의 선물은 다음번 시험에도 그 아이로 하여금 몰입과 노력을 하게 하는 동기부여 요소와는 거리가 먼, 즉 유의성(어떠한 가설 등에 단순한 우연이 아닌 의미가 있는 것)이 떨어지는 것이다.

최근 기업체의 인사담당자들과 대화해 보면, 개인별 성과와 능력에 따른 연봉제가 보편화 된 요즈음 승진을 통해 자신이 관리해야 할 범위의 확대보다는 급여 인상이 더 동기부여되는 직원들도 있다고 한다. 실제 어떤 기업에서는 실적에 따라 하위 직급자가 상위 직급자보다 연봉을 더 많이 받는 경우가 발생하기도 하기 때문이다. 꼭 금전적 보상이 모든 구성원에게 승진보다 더 우월하다거나 그 반대의 경우라고 단정 지을 수 없는 것처럼 동기부여의 유의성은 개인차가 있다. 그러므로 리더가 튜닝 리더십을 제대로 발휘하기 위해서는 구성원들의 개인별 보상의 유의성에 대해서 관찰과 인터뷰를 통해 지속해서 확인하는 노력을 해야 한다.

'본인이 노력하면 충분히 성과를 낼 수 있다는 기대심리, 그 성과가 보상으로 이어진다는 기대심리, 그리고 그 보상이 자신의 기대에 얼마나 일치할 것인가(유의미한가)?'하는 기대 심리는 사람들의 마음을 움직이는 동기부여 요소인 것이다. 결국, 튜닝 리더는 지금까지 언급한 이해관계자들의 기대감 3단계를 개별적으로 정확하게 파악하고 동기부여 시켜야 한다. 그래야만 당신도 당신만의 칼레의 기적을 일으킬 수 있다.

만족과 불만족 요인을 분리하라

당신은 누구보다 일터에서 열심히 일하고 있다. 그런데 다른 회사에 근무하는 대학 동창과 비교해보니 일하는 양이나 질로 봐도 당신이 훨씬 우수한 것 같은데 급여는 동창보다 10% 적게 받고 있음을 알게 되었다. 솔직히 말해보라. 당신은 지금의 일이나 직장에 만족하겠는가? 아니면 불만족하겠는가? 조금 더 곤란한 질문으로, 같은 부서에서 일하는 같은 직급의 동료보다 더 열심히 일을 하지만 급여를 10%나 덜 받는다는 사실을 알게 되었다면 당신은 일이나 직장에 만족하겠는가? 아니면 불만족하겠는가?

두 개의 질문 모두 대부분 사람은 '불만족한다.'라고 대답할 것이다. 그렇다면 당신의 상사가 불만족한 당신을 위해 10% 급여 인상안을 제시하여 다음 달부터 반영해 주기로 했다. 이제 당신은 업무나 직장에 만족하겠는가? 어쩌면 "글쎄요!"라는 대답이 나올 수도 있다. 겉으로는 "네, 이제는 만족해요."라는 답변을 했지만, 마음만은 만족스럽지 않다는 생각이 들 수도 있다.

분명히 당신이 생각하는 것보다 급여 수준이 낮으면 "불만족한다."라는 답변이 우세하지만, 급여를 올려준다고 해도 꼭 만족하다고 답변하지 않을 수 있다. 즉, 불만족 요인을 뒤집으면 만족이고, 만족 요인을 뒤집으면 불만족 요인이라고 단정할 수는 없다. 지금까지 기술한 내용은 '허츠버그(Hertzberg)'라는 학자의 동기부여 이론을 필자 나름대로 쉽게 각색하여 설명한 것이다.

당신에게 과제 하나를 부여하겠다. 당신은 리더로서 당신의 가족을 포함한 이해관계자들을 만족시키는 동기 요인과 그들의 동기를 저하시키는 불만족 요인을 구분하여 개인별로 기록해 보기 바란다. 그리고 그들을 만족시키는 동기 요인을 강화시키기 위해 노력해 보고, 불만족 요인을 제거시키거나 최소화하기 위한 리더로서의 실천 방법을 연구하고 행해야 한다. 이런 노력 역시 당신의 튜닝 리더십 수준을 한 단계 성장시키는 계기가 될 것이다. 필자의 경우를 예로 들면, 나 자신을 동기부여 시키는 만족 요인의 대표적인 것 중 한 가지는 누군가로부터 인정받는 것이다. 기업 강의 중 교육생들의 적극적인 호응이나 교육 결과에 대한 긍정적인 평가와 인정 등은 강의 품질을 더욱 향상시키기 위한 지속적인 노력으로 이어진다. 반대로, 나의 동기를 저하시키는 대표적인 불만 요인은 누군가의 지나친 관리와 통제 등으로 자발성이 제한되는 경우이다. 이러한 나의 동기부여 요소와 불만 요소를 구분하여 영향력을 발휘하는 리더가 있다면 그는 튜닝 리더십 발휘의 고수인 것이다. 여하튼 상대에 맞는 동기부여 요소를 파악하여 강화시키고, 불만 요소를 제거하는 것은 튜닝 리더십의 중요한 요소이자 칼레의 기적을 지속적으로 일으킬 수 있는 것임에는 틀림이 없다.

실천 과제

[4.5.1]

당신이 속한 조직의 이해관계자(후배/부하/동료)들과의 대화 및 관찰을 통해 그들을 동기부여 시키는 것과 불만족시키는 요소를 구분하여 다음의 표에 작성해 보시오.

성명	동기부여 요소 (3가지씩)			불만 요소 (2가지씩)	
	①	②	③	①	②
	①	②	③	①	②
	①	②	③	①	②
	①	②	③	①	②
	①	②	③	①	②
	①	②	③	①	②

회피 동기와 접근 동기를 파악하라

당신이 정량평가(매출액이나 강의 만족도 점수 등 수치화할 수 있는 평가 요소)를 주로 하는 영업부서를 포함한 현업부서 경험자라면, 실적에 대한 부담으로 밤잠을 이루지 못한 적이 있을 것이다. 일일 단위로 회사 게시판에 표시되는 개인별·팀별 실적 그래프가 당신에게 큰 스트레스로 다가오고, 불가피하게 실적 부진자 중 누군가에게는 페널티를 부여할 수밖에 없는 상황에 직면했을 때 리더로서의 부담감은 이루 말할 수 없다. 리더인 당신에게 큰 부담이었던 것처럼 당사자에게도 얼마나 큰 스트레스였을까?

필자도 이 같은 유사한 경험이 여러 차례 있다. W사 교육부서장으로 근무할 때이다. W사는 CS 강사(고객 만족과 접점직원의 서비스 향상을 위한 전문강사)를 연 1~2회가량 공채로 전체 TO의 120%를 선발하고, 2~3개월간의 교육훈련 결과를 토대로 20% 정도를 탈락시키는 시스템으로 운영하고 있었다. 회사와 제도 특성상, 불가피하게 20% 정도의 강사는 주간 단위 누적 평가 결과(강의평가 점수, 근무태도 등)에 의해 탈락시켜야 하는 의사결정은 부서장으로서 여간 어려운 일이 아니었다. 아무튼 탈락을 위한 의사결정은 예정대로 진행되었다. 그리고 정식 채용된 강사들과의 축하 면담 자리에서 그들이 말하는 두 가지의 공통된 특징을 확인할 수 있었다.

합격한 강사 중 A그룹은 주 단위로 이루어지는 강의와 업무 태도 등의 평가 결과가 다른 경쟁자들과의 비교에서 뒤처지는 것이 너무 싫어서 더욱 열심히 노력했다는 부류였다. B그룹은 다른 강사들과의 경쟁에서 계속 앞서나가서 상사로부터 인정받고 미래의 유능한 CS 강사가 되고 싶다는 목표로 더욱 열심히 했다는 부류였다.

오래전 일이지만, 이들의 면담 결과를 토대로 동기부여와 관련한 전문가인 콜롬비아 대학의 하긴스 교수의 연구 결과를 접목해 본다면, 필자가 경험한 A그룹은 회피 동기로 강의평가를 위한 준비 과정과 실제 강의를 더욱 열심히 한 것이며, B그룹은 접근 동기에 의해 열심히 한 것으로 구분할 수 있다. 중요한 것은 접근 동기는 어떤 것을 성취하기 위해 특정 업무에 몰입하는 것으로, 이 접근 동기가 달성되면 기쁨을 얻게 되지만 반대의 경우에는 슬픔을 느끼게 된다. 반면에 회피 동기가 이루어졌을 때는 안심하게 되지만, 그 반대의 경우에는 불안감을 느끼고, 결국에는 조직과 멀어지게 되는 단초가 될 것이다.

그렇다면 리더인 당신은 '이 두 가지 동기를 튜닝 리더십에 어떻게 적용하는 것이 더욱 생산적인가?'하는 것이다. 첫 번째, 장시간을 투자해야 하는 업무나 성과 확인에 시간이 걸리는 업무 등은 접근 동기로 구성원을 자극하는 것이 더 효과적일 것이다.

반대로 지금 즉시 처리해야 할 업무나 기한이 얼마 남지 않은 일 혹은 결과를 빠르게 확인할 수 있는 업무 등에는 회피 동기로 구성원들을 동기부여 시켜야 한다. 지금까지 설명한 동기부여 요소들을 현업에 적용하여 또 다른 칼레의 기적을 일으키기를 바란다.

실천 과제

[4.5.2]

당신이 속한 조직의 구성원(후배/부하/동료/가족)들과의 대화 및 관찰을 통해 그들을 동기부여하는 접근 동기와 회피 동기를 구분하여 다음 표에 작성해보고, 리더십에 활용하라.

성명	접근 동기 (3가지씩)			회피 동기 (2가지씩)	
	①	②	③	①	②
	①	②	③	①	②
	①	②	③	①	②
	①	②	③	①	②
	①	②	③	①	②
	①	②	③	①	②

06

맞춤형 역할을 부여하고 튜닝하자

'추진자'로부터 '문제아'까지

팀 구성원의 역할은 다르다

당신은 소녀시대, 트와이스, 있지(ITZY), BTS 등 인기 아이돌 그룹의 팀 인원수를 알고 있는가? 어지간한 대중가요 매니아가 아니라면 답변하기 어려운 질문이다. 참고로 소녀시대는 태연을 비롯한 8명, 트와이스는 나연을 비롯한 9명, 2019년 히트 여성 아이돌 그룹 있지(ITZY)는 류진을 비롯한 5명, 한류의 대표 BTS는 RM을 비롯한 7명이다.

당신의 답변과 무관하게 아이돌 그룹 결성에 관여했던 제작자(기획사 대표와 프로듀서)의 고민 중 하나는 과연 한 팀을 몇 명으로 하고, 각각의 구성원들에게 어떤 역할을 부여해야 팀워크 증진과 왕성한 음악 활동을 위한 마케팅에 최적일까 하는 것이다.

물론 팀 규모는 다르지만, 제작자는 공연 시에 메인보컬, 댄스 전문, 랩 전문 등의 역할을 분담시킨다. 또한, 공연 후 진행되는 언론사와 방송국과

[출처 : Monsta X 오픈갤러리]

의 공식 인터뷰는 주로 누가 할 것인가(BTS의 영어 인터뷰는 주로 래퍼 RM이 담당)에 대한 계획도 수립한다. 그뿐만 아니라, 멤버들의 재능이나 컨셉에 따라 어떤 멤버는 예능, 또 다른 멤버는 연기, 그리고 누군가는 음악프로그램 MC 등 다양한 분야에서 역할을 부여한다. 즉, 같은 아이돌 그룹이라 할지라도 그 팀을 결성한 리더(제작자)는 그들의 역량, 그들이 동기부여 되는 요소, 장기적인 컨셉 등에 따라 맞춤형 튜닝 전략을 통해 회사 매출 증대와 대중의 인기를 지속적으로 얻기 위한 노력을 한다는 것이다. 물론, 멤버들이 잘하고 있는 분야와 보완하면 크게 성장할 할 분야(뮤지컬, 연기, 음악 등)에 지속적인 시간과 비용 투자는 당연하다.

최적의 팀 규모는 몇 명인가?

그렇다면 아이돌 그룹뿐만 아니라 당신의 조직을 포함해 최적의 팀은 몇 명으로 구성되는 것이 좋을까? 팀 규모의 적합성에 대해 연구한 리처드 해크먼과 메리디스 벨빈 박사 등의 연구 결과를 인용해 보겠다.

그들은 7±2팀, 즉 최소 5명에서 최대 9명까지의 팀이 최적이라는 결과를 발표했다(앞서 언급한 인기 아이돌그룹의 인원을 다시 한 번 확인해 보라. 네 개 그룹이 작성 순으로 8, 9, 5, 7명이다). 아울러 벨빈 박사는 '팀의 응집력 등을 감안할 때, 10명 이상인 팀은 특히 비즈니스 조직에는 적합하지 않다.'라고 했다. 어쨌거나 7±2팀이 왜 최적의 팀 규모인가에 관한 이유는 다음과 같다.

❶ 성향, 재능 등의 다양성을 골고루 반영할 수 있는 가장 근접한 숫자이다. 전제조건은 팀원 구성 시, 리더 1인이 팀원을 결정하는 것보다 타인의 조언을 받아서 다양성이 저해되는 것을 방지해야 한다(그래야 리더 자신과 비슷한 사람만 선호하는 경향에서 벗어날 수 있음).

❷ 소통의 용이성이 있다. '피자 두 판의 법칙'이란 말이 있다. 그 의미는 전체 팀원이 원형 테이블에서 피자 두 판으로 식사하며 대화 가능한 최적 인원이 7±2이라는 것이다(그 이상은 원형 테이블에서의 소통도 어렵고, 피자 구입에 필요한 비용도 많이 발생함). 그러므로 당신이 튜닝 리더가 되고 싶다면 실제로 팀원들과 쌍방향 의사소통을 정례화할 필요가 있다.

❸ 기능적인 효용성이 있다. 내부적으로 두 명, 세 명의 프로젝트팀을 만들어 분업과 공동의 과업을 할 수 있는 규모가 7±2이다.

❹ 내부 결속 혹은 응집력이 강해지고 리더의 조직 관리가 용이한 최적의

규모가 7±2이다. 튜닝 리더는 팀원들의 대소사를 챙기고, 그들의 관심 사항에 대해 지속적으로 점검해야 한다.

조직 구성원에게 적합한 역할을 부여하고 튜닝하라

앞서 언급한 '팀 구성원마다 역할이 다르다.'라는 것이 유독 아이돌 그룹에게만 해당되는 것일까? 물론 아니다. 당신의 조직도 이와 매우 유사하다.

메러디스 벨빈 박사의 <9가지 팀 역할 유형>을 인용하고자 한다. 당신의 팀이 9명으로 구성되었다면, 아래의 표를 참조하여 9가지 역할에 적합한 팀원들을 하나씩 매칭시키는 것이 가장 자연스러울 것이다. 물론 팀원 9명이 각자 9가지의 특성과 강점을 서로 다르게 소유하지 않을 수도 있다. 팀원이 9명이나 9명 미만이라 할지라도 아래의 표에 기록된 역할별 특성에 가장 어울리는 팀원들을 확인하는 절차가 우선이다. 그 후에 리더인 당신은 어떤 구성원에게는 2개의 역할을 부여하고, 만약 페어 팀(2명으로 구성된 팀)이라면 1인에게 많게는 4~5가지의 역할을 동시에 부여하는 매칭을 해야 한다.

필자가 이 책을 통해 일관되게 강조했고 또 계속 반복할 내용이지만, 조직구성원의 성향, 능력, 동기부여 요소도 다르고, 어떤 역할 수행시 고성과를 창출하는가에 대한 결과도 다르므로, 튜닝 리더십을 실천하는 리더는 팀원에 가장 적합한 역할부여로 조직의 성과 창출과 개인의 조직 몰입도를 향상시켜야 한다.

역할	의미
1. 실행자	(특성) 규율 중심적이면서도 아이디어를 업무 실행에 잘 옮기는 역할 (장점) 뛰어난 업무 효율성으로 팀 내에서 가장 많은 양의 일의 함 (단점) 업무처리에 기준을 고수하므로 융통성이 다소 부족함
2. 추진자	(특성) 의욕적이고 활기찬 역할 수행 (장점) 목표 지향적이며, 도전적이다. 조직이나 사람들을 움직여야 할 때 또는 구조조정 혹은 개혁이 필요할 때, 선두에서 능력을 발휘함 (단점) 지나친 열정으로 구성원을 공격하여 감정을 상하게 할 수 있음
3. 조정자	(특성) 갈등 관리에 능하고, 성숙한 맏형/왕언니 같은 역할 수행 (장점) 침착함, 다양한 구성원들을 통합하는 데 특화되어 있음 추진자가 벌여놓은 것을 수습하기도 함 (단점) 이해조정 방식에 근거한 타협으로 추진자와 충돌 가능성 존재 타인을 교묘하게 조종할 수도 있음
4. 창조자	(특성) 관행에 얽매이지 않는 아이디어맨 (장점) 문제 발생 시 풍부한 상상력으로 창의적 대안 제시능력 탁월 (단점) 지나친 업무중심으로 대인관계의 아쉬움 가끔 황당한 주장과 아이디어로 팀원들을 당황하게 하는 경우 있음
5. 자원 탐색가	(특성) 다양한 사람들과 교제를 즐기는 타고난 네트워커이자 마당발 (장점) 달변/다방면의 업무에 대해 깊은 관심을 가지고 팀 내 필요한 자원을 조달하는데 노하우 있음 (단점) 지나친 낙천성과 열정이 식으면 쉽게 흥미를 잃어버림
6. 분위기 조성자	(특성) 개인의 욕심보다 공동의 목표를 중시하는, 협력적이고 남을 잘 이해하며 누구와도 잘 어울리는 역할 (장점) 경청의 달인, 팀의 윤활유, 다양한 업무 방식에서 쉽게 적응할 수 있음 (단점) 마찰을 회피하거나, 우유부단할 수 있음
7. 평가자/ 판단자	(특성) 팀원들이 제안한 아이디어의 가치를 판단하는 적임자, 매사에 심사숙고하고 신중하게 결정을 내림 (장점) 복잡한 문제를 빈틈없이 분석하는 날카로운 판단력 소유 (단점) 추진력 부족. 부정적/냉소적이라는 비난을 받을 가능성 있음
8. 완결자	(특성) 모든 일에 완성도 높이는 역할, 성실 꼼꼼하게 일하는 완벽주의자 (장점) 업무 마무리 확실함, 정확성 (단점) 과한 걱정이 많고, 위임하는 것을 좋아하지 않음
9. 전문가	(특성) 전문 지식과 기능을 소유한 팀원 (장점) 고도의 전문성으로 특정 문제에 관해서 탁월한 해결 능력 팀원들에게 도움을 줌 (단점) 본인의 전문 분야 이외에 관심이 부족하여 편협해 질 수 있고 전체 통합에 어려움을 겪을 수도 있음

그렇다면, 지금까지 설명한 9가지 팀의 역할이 튜닝 리더십 발휘에 시사하는 바는 무엇일까?

❶ 리더 자신부터 9가지 역할 수행에 대한 이해가 필요하다. 일반적인 사람들은 9가지 역할 중, 대부분의 경우 3가지는 강하고, 3가지는 약하고, 또 3가지는 회색 지대(경향이 불분명한 지점)인데, 조직 구성원들이 회색 지대에 놓인 3가지를 학습해서 후천적으로 개발할 수 있도록 도움을 주어야 한다.

❷ 'Team role balance'(팀 내 역할 균형)가 필요하다. 팀원의 수와 관계없이 9가지의 팀 역할이 팀 내에 균형을 맞추고 있어야 시너지 창출이 가능하다. 즉, 팀 역할의 다양성이 필요하므로 리더는 구성원 채용 시, 멀티 역할을 수행할 수 있는 직원을 채용하기 위한 노력이 필요하다. 만일 어려운 경우 타부서로부터의 전입을 도모하거나 기존 구성원들이 수행하고 있는 역할에서 제외된 역할을 수행할 수 있도록 조직 내부에서 누군가를 육성해야 한다(또 다른 강점이 발휘될 수 있는 역할 소유 혹은 회색 지대에 있는 직원 중에서 육성).

❸ 팀 역할의 공백이 있을 때, 리더로서 어떤 조치를 내려야 하는가에 대한 사전 준비가 필요하다. 예컨대 조정자 역할이 미흡한 경우, 리더라면 팀 구성원들에게 그 사실을 명확하게 알리고 공유함으로써 누군가의 잠재된 역할이 발휘되도록 어떻게 할 것인지에 대해 구성원들의 의견을 듣고, 어떻게 할 것인가를 판단해야 한다.

실천 과제

[4.6.1]

'메러디스 벨빈' 박사의 연구 결과에 의하면, 고성과 팀과 그렇지 않은 팀의 차이점 중 대표적인 것은, 고성과 팀은 9가지 역할(실행자로부터 전문가)을 충실히 수행하는 구성원들로 이루어졌는가에 의한 것이다. 당신의 조직은 어떤가 생각해보라. 그리고 당신이 속한 조직(팀. 공동체) 구성원들을 세밀히 관찰하고, 아래의 표에 구성원들과 9가지 역할을 어떻게 매칭했는지, 그 이유를 기록해 보라. 아울러 조직에서 빠진 역할도 확인해 보고, 어떻게 채울 것인지에 대해서도 생각해 보라.

조직 구성원	강점이 발휘될 수 있는 역할	그렇게 생각하는 이유	매칭된 역할
	1순위: 추진자		예) 추진자
	2순위: 조정자		
	1순위:		
	2순위:		
	1순위:		
	2순위:		
	1순위:		
	2순위:		
	1순위:		
	2순위:		
	1순위:		
	2순위:		

문제아에 대한 대책을 세워라

고성과 조직은 앞서 언급한 실행자부터 전문가까지 9가지의 역할이 팀원들에게 골고루 부여되어야 한다. 그러나 당신의 조직에는 이 9가지 역할 중 그 어떤 것도 제대로 수행하지 못하는 문제의 팀원들이 있을 수 있다. 소위 말하는 당신의 골머리를 앓게 하는 문제아들이다. 리더로서 이 문제는 반드시 대책을 세워야 한다.

교육심리에서 말하는 문제아의 사전적 정의는 '지능, 성격, 행동 등이 보통의 아동과 달리 문제성이 있는 아동'으로, 넓은 뜻으로는 '이상아, 결함아'등을 뜻하지만 좁은 뜻으로는 주로 '행동 문제아'를 일컫는다. 그러나 필자는 문제아를 비즈니스 조직이나 공동체의 어른들로 국한하여 생각해 보기로 하겠다.

당신의 팀에서 문제아의 유형은 크게 두 가지로 구분할 수 있다. ① 업무능력(지식/스킬)은 우수하지만, 몇 가지 이유에서 업무 몰입도가 저조한, 말 그대로의 문제아 팀원이다. ② 업무능력(지식/스킬)도 부족하고 업무 몰입도가 저조한, 일명 무임승차형 팀원이다. 문제아의 정의를 확인했으면, 문제아에 대한 리더로서의 대책은 아래 표를 참고하기 바란다.

문제아 유형		특성	리더로서의 대책
문제아 팀원	1. 업무 수행 능력이 우수하지만 2. 업무 몰입도가 저조함(성과 부진자)	자신의 능력을 리더가 인지하지 못하는 것에 대해 두려움이 있으며 그 부분에 대한 반감이 있음, 리더가 자신을 평가하는 기준을 미래에도 바꾸지 않을 거란 속단으로 미리 포기함, 불만분자, 조직을 떠날 가능성 높음, 그러나 당신의 리더십 발휘 여부에 따라 고 성과자로서 반전 가능성도 있음	1. 이들의 역량 부족보다는 왜 문제아가 되었을까?하는 근본적인 원인 파악이 최우선되어야 함 (작업환경/동료와의 관계 악화/업무가 과하거나 혹은 너무 적어서 본인이 무가치하다고 생각 할 수 있음/상사의 리더십 역량에 대한 실망) 2. 네 개의 창문에서 다루었던 '다가서기'와 '민감하기 전략' 수행, 매력적인 업무부여와 협업파트너 변경, 리더 또한 자신의 리더십 역량을 냉정히 복기해 봄, 필요 시 다른 부서 전출 고려
무임승차형 팀원	1. 업무수행 능력이 떨어지며 2. 업무 몰입도도 저조함(성과 부진자)	입사 당시부터 무임승차 기질이 있었으나, 잘 보이지 않았을 가능성, 꼭 필요한 만큼만 일하거나 리더와 다른 구성원의 눈에 띄지 않게 다 된 밥에 수저만 얹겠다는 비윤리적 생각. 리더의 지나친 관심에 두려움, 그러나 내색하지 않음	1. 이들과의 최종목표는 뒤끝 없는 이별을 목표로 하지만 2. 이들이 조직에 머무는 동안 긴급한 역량 중심의 육성이 필요함 3. 리더십 포인트는 단순하고 쉬운 업무 부여 → 표본 제시 → 철저한 관리 · 감독 → 목표 미달 시, 페널티 부여 → 반복 시 인사 조치

07

까다로운 구성원들과도 튜닝하자

'나르시시스트'에서 '의존형'까지

——————— 리더로서, 자신이 편안한 마음으로 함께 할 수 있는 구성원들만 선발하고 또 그들과 지속해서 함께할 수 있다면 이보다 더 좋은 인복은 없을 것이다. 왜냐하면, 일터에서의 이해관계자들과 함께 보내는 시간이 수면시간을 제외하면 가족구성원과 보내는 시간보다도 상대적으로 많기 때문이다. 그러나 아쉽게도 내가 선호하거나 편안해 하는 상사, 동료, 후배들로만 당신의 조직을 채운다는 것은 불가능에 가깝다. 그뿐만 아니라, 내가 선호하는 구성원들만으로 조직을 구성하는 것은 조직의 다양성 저하는 물론, 궁극적으로 조직의 성장을 가로막는 짬짜미(타인이 모르게 자기들끼리만 짜고 하는 약속이나 수작)식의 패거리 조직으로까지 전락할 수 있다. 그렇다면, 반대의 경우를 생각해 보자. 당신의 이해관계자 중, 어떤 사람과 일할 때 어려움을 느끼거나 까다롭다는 생각을 하는가? (4-6에서 언급했던 성과 부진을 겪는 팀 문제아가 아닌, 당신이 생각하는 성향이나 행동 스타일상의 까다로운 구성원을 일컫는 질문이다.) 예컨대, 아래의 사례 속에 등장하는 김 과장과 같은 성

향을 지닌 사람을 매우 까다롭게 생각하는 사람들도 있을 것이다.

우리 회사에서는 K 프로젝트 도입과 관련하여, 5명의 협업 T/F team이 운영되고 있다. 프로젝트팀의 리더인 나는 이 프로젝트 성공을 위해 구성원 간의 절대적인 팀워크 유지는 물론, 때로는 그들을 설득해야 한다. 그런데 프로젝트팀 구성원 중, 기획팀에서 파견된 김 과장은 K 프로젝트 관련 업무에 대해 매우 잘 알고 있다. 그래서 김 과장은 프로젝트팀의 리더(팀장)가 아니면서도, 본 업무에 주도적인 임무를 수행하거나 내 역할을 침범하는 듯한 발언도 서슴지 않는다. 물론 김 과장은 관련 지식과 경험이 많다 보니 업무수행과 관련해 좋은 점도 있지만, 우리가 진행하고 있는 상황에 대해 너무 많이 아는 척을 하고, 또 의견 제시가 많아 업무가 지연될 가능성이 높다. 까다로운 김 과장과 업무를 계속 해야 한다는 것이 매우 고단하고 힘들다.

위의 사례에 등장하는 김 과장의 성향은 어떤가? 매우 주도적이며 해당 분야에 대한 전문 지식을 소유한 일명 '나르시시스트'이다. 보편적으로 많은 사람은 김 과장과 같은 성향을 보이는 사람에 대해 불편함을 호소하며 까다롭다고 한다. 하지만 또 어떤 이들은 김 과장과 전혀 다르게, 업무수행에서 특별한 의견제시가 없는 성향의 구성원과 일할 때 어렵다고 생각하는 경우도 있다. 즉, 사람마다 본인이 생각하는 까다로운 유형이 다른 것이다. 그러나 중요한 것은 어떤 성향을 까다롭게 여기는가 보다 자신이 까다롭게 생각하는 구성원들과도 제대로 튜닝하기 위해 고민하고 노력하는 것이 유능한 리더임에는 틀림이 없다. 또한, 자신이 어떤 성향인가보다 상대의 성향을 제대로 읽고, 그 성향에 매칭되는 튜닝이 더 중요하다. 즉, 자신이 어떤 유형의 리더(지시형/코칭형/위임형)인가 보다, '리더십에도 궁합이 있다'(이 책의 #3-6)에서 밝힌 것처럼 이해관계자들의 성향에 맞는 리더십 매칭이 더 중요함을 명심하라는 의미이다.

그렇다면, 사람마다 개인차는 있으나 필자가 강의 현장에서 만난 수강생들이 까다롭게 여기는 대표 성향으로 선정한 나르시시스트, 계산기형, 의존형, 소시오패스(혹은 사이코패스) 등 보편적으로 까다롭게 생각하는 유형 4가지에 대한 특성과 리더로서의 바람직한 튜닝 방법에 대해 생각해 보기로 하자.

1 나르시시스트

앞선 사례에 등장한 김 과장은 나르시시스트다. 소위 말하는 '나 잘난형'이다. 이 유형의 특징과 튜닝 방법은 다음의 표를 통해 확인해 보자.

특성	튜닝 방법
해당 분야에서 성공의 반열에 오른 사람들로서, 전문 지식(스킬)을 소유하고 있으므로 듣는 것보다 자신의 이야기를 많이 한다, 상대의 말이 채 끝나기도 전에 끼어들거나 상대가 반론을 제기하면, 표정이 이내 어두워지곤 한다. 매우 주도적이고, 주장이 강하다. "그래. 하지만….", "그건 꼭 그렇지는 않아", "어떤 말인지는 알겠는데, 그렇지만…", "박 대리 문제는…" "팀장님! 무슨 말씀인지는 알겠는데요. 이번 회사의 방침은 4차 산업혁명시대에 적합한 시장흐름을 반영한 것 같지는 않습니다." 등의 말을 자주 사용한다.	1. 당신의 팀원이 나르시시스트라면, 일단은 그에게 팀의 추진자 혹은 전문가의 역할을 부여하고, 그가 자신의 의견을 제대로 말할 기회를 제공하고 경청하라. 2. 당장 동의할 수 없는 내용일지라도, 그의 의견에 최소한 공감하고 있다는 신호는 보내야 한다. 3. 그가 당신의 상사이거나 고객이라면 1) 상대에게 전체적인 계획을 알려주고, 세부사항에 대한 그의 의견을 청취하고, 세부 내용을 합의하는 단계를 밟길 권장한다. 2) 그와 약속하거나, 합의한 사항에 대해 반드시 피드백하라(약속일정 및 내용 준수). 4. 그의 주장이 강한 것은 실제 그가 박학다식하다는 것이 그 분야의 지식과 경험이 많음을 인정하고, 또 지지해 주는 배려가 필요하다.

2 계산기형

전자계산기나 컴퓨터처럼 매우 냉정하고 분석적인 스타일이다. 이 유형의 특징과 튜닝 방법은 다음의 표를 통해 확인해 보자.

특성	튜닝 방법
이 유형은 사실관계를 따지는 매우 분석적이고, 이성적이며 또 계산적인 사람이다. 매우 신중한 의사결정을 하기에, 말하기 전에 골똘히 생각하는 모습을 자주 보인다. 자신의 정보를 잘 주지 않으면서 꼬치꼬치 캐묻는 경우도 많다. 분석적 · 논리적으로 자신이 전달한 사항에 대한 상대의 부정적 표현에 반발심을 가진다. 또한, 상황에 대한 비평적 사고도 많이 하며, "근거가 어떤 건가요?", "사실관계를 확인해 보았는지요?", "믿어도 되는 건가요?" 등의 말을 빈번하게 사용하곤 한다.	1. 당신의 팀원이 '계산기형'이라면, 그에게 팀의 분석가 역할을 부여하라. 2. 그의 계속되는 질문식 표현에 부담을 느끼지 말아야 하며, 그와 대화시에는 농담보다는 공식적 표현 중심이기를 권한다. 3. 속도보다는 정확성, 명확성, 일관성 있는 표현이 필요하다. 4. 당신이 그에게 계획성과 준비가 부족한 '즉흥적인 리더'라는 인식을 준다면, 당신의 리더십 발휘는 반감된다. 5. 그와 대화 시, 통계, 자료제시를 통한 접근이 필요하다. 6. 상대의 예상 질문 리스트를 준비해 보라. 7. 그의 분석적인 제안이 당신에게 도움을 줄 수 있음을 명심하고, 감사를 표하라.

3 의존형

당신이 이해하기 쉽게 이들을 '껌딱지 형'(당신에게 꼭 들러붙어 떨어지지 않는 사람을 비유적으로 이르는 말)으로 생각해보라. 이 유형의 특징과 튜닝 방법은 다음의 표를 통해 확인해 보자.

특성	튜닝 방법
그는 평상시 조용하고, 때로는 느긋하다. 매우 협조적인 듯하나, 반응속도가 더디거나, 그의 의중을 모를 때가 있어서 당신 입장에서 보면 답답함을 느낄 때가 많다. '이 정도의 업무처리는 알아서 할 때가 되지 않았을까?'하는 기대가 이내 실망으로 바뀌고, 일명 손이 많이 가는 스타일로 당신의 일이 많아진다. 그러나 정해진 방식에는 잘 따라 하며, 현상유지에 동기부여 되기도 한다. 새로운 변화혁신이나 안정성 상실에 두려움을 느끼거나, 지나치게 자신을 양보하는 경우도 있다. "제가 이 일을 할 수 있을까요?", "실패하면 어떡하죠?", "팀장님! 정말 괜찮을까요?", "부장님! 이 일 어떻게 처리하면 되나요?" 등의 표현을 자주 하곤 한다.	1. 당신의 팀원이 의존형이라면, 그에게 팀의 분위기 조성자 역할을 부여하라. 2. 일단은 당신의 주도적인 역할을 통해 부담을 주지 않는 선에서 세부적인 티칭(지도/가르침)이 필요하다. 3. 그러나 장기적 관점에서 그가 자발적으로 업무를 처리할 수 있도록 방향제시와 함께 단순한 일에 대한 성공 경험을 부여해야 한다. 4. 친근한 코칭 질문을 통해 그의 문제해결력을 증진시키기 위한 코치로서의 역할 전환이 필요하다(그를 코칭할 수 없다면, 당신의 일거리는 점점 많아질 것이다). 5. 그에게 자활 능력을 키울 수 있도록 전략 계획을 수립하고, 실행하라.

4 소시오패스 혹은 사이코패스

소시오패스와 사이코패스는 공통점도 있지만, 언행에서 약간의 차이가 있다. 중요한 것은 이들이 영화나 드라마 속에서만 보이는 것이 아니라, 당신의 주변에서도 존재한다는 사실이다. 전문가들의 견해에 의하면 인구의 2~4%가 이 유형에 포함된다고 한다. 이들의 특징과 튜닝 방법은 다음의 표를 통해 확인해 보자.

특성	튜닝 방법
소시오패스와 사이코패스 모두 반사회적 인격장애의 형태로 법, 사회적 제도와 관행 등을 무시한다. 그들은 후회나 죄의식이 없으며 타인의 권리를 묵살하며, 감정이 폭발하는 경우가 잦다. 상대를 자신만의 이익을 위해 이용한 후 '토사구팽'하는 경우나, 상대를 무시하는 언행을 자주 한다. 이들은 원하는 것을 얻기 위해 수단과 방법을 가리지 않고, 당신을 시간적, 감정적, 금전적으로 어렵게 만드는 경우가 있으며, 비양심적인 경향이 짙다. 양자의 차이점은 사회적 교류수준에서 확인할 수 있다. 사이코패스는 타인과 감정의 교류를 못 하는 공감능력이 전혀 없는 데 반해, 소시오패스는 일정 정도의 공감과 사회적 애착 형성이 가능하다. 그러나 소시오패스는 일반인과 다르게 거짓말을 매우 잘하며, 그 거짓말을 할 때 양심의 가책을 느끼지 않고, 설령 들통이 난다 할지라도 크게 개의치 않으며, 또 다른 거짓말을 만들어 낸다.	1. 당신의 상사나 조직의 인사팀에 도움을 요청하라. 2. 고객의 경우에는 눈물에 호소하고, 그 조직의 보스에게 당신의 애로 사항을 전달하라. 3. 그들과 교류할 때는 당신을 도와줄 수 있는 누군가와 함께 만나라. 4. 그들이 당신을 험담하고 다닐 것에 대비해서, 당신이 미리 그렇지 않음을 말하고 다녀라. 5. 당신을 위기에 빠뜨릴 것에 대비해서, 미리미리 준비하라. 6. 종교에 의지하라. 7. 다시 만나지 않기를 기도하며, 비용이 들더라도 빨리 이별하고, 새로운 만남을 준비하라. 아쉽게도 까다로운 다른 유형과 달리 소시오패스 및 사이코패스와 제대로 튜닝할 방법이 없음을 애석하게 생각한다.

실천 과제

[4.7.1]

당신이 지난 한 달간 만난 다양한 이해관계자 중, 앞서 언급한 ① 네 가지 유형을 포함한 또 다른 까다로운 유형에 대해 생각해보고, ② 그들이 보이는 언행의 특성, ③ 그들에게 불편하거나 까다로운 감정을 느낀 이유, ④ 당신만의 튜닝 방법에 대해 작성해 보시오.

① 내가 경험한 까다로운 유형	② 그들이 보이는 언행의 특성	③ 까다롭다고 생각한 이유(나의 감정 혹은 느낌)	④ 과거 대처법에 대한 아쉬움 & 향후 튜닝 방법

튜닝 리더십

막장 리더와 이별하기

05

소통이 중심이다

튜닝 리더십을 위한 소통

성공적인 갈등 관리 비결은 101% 원리를 적용하는 것이다.
당신과 갈등 관계에 있는 사람이 있다면 그 사람과 일치하는 1%를 찾아내라.
그리고 1%를 위해 당신의 100% 노력과 능력을 쏟아 부어라.

- 존 맥스웰, 리더십전문가 -

말은 생각한 다음에 하고, 사람들이 듣기 싫어하기 전에 그만두어야 한다.
인간이 언어를 가지고 있기 때문에 다른 동물보다 특별하지만 그 언어 때문에 커다란 손해를 본다.

- 톨스토이 -

01

실과 바늘의 관계
소통과 리더십

——————— 사실, 리더십은 스킬 혹은 테크닉의 범주는 아니다. 전반부에서 강조했던 것처럼 리더십은 리더 자신이 어떤 리더가 될 것인가의 선택과 리더십 철학을 통해 시작된다. 다만 리더십 발휘를 스킬 차원으로 간주한다면, 그것은 바로 리더와 이해관계자들의 소통과 관계되기 때문이다. 특히 튜닝 리더십을 발휘하기 위해서는 리더의 소통역량이 절대적이라 할 수 있다. 즉, 실 가는데 바늘이 따라가야 하는 것처럼, 소통과 리더십은 필수 불가결한 관계인 것이다. 그러므로 지금부터는 당신이 튜닝 리더십을 제대로 발휘하기 위하여 소통의 중요성부터 소통 과정에서 흔히 범하는 착각들, 그리고 소통의 장애물과 대처 방법, 소통의 기준 등 이해관계자들과의 생산적인 소통 스킬을 학습하게 될 것이다. 튜닝 리더십의 완성은 당신이 어떤 리더십을 선택하여 활용하건 간에 이해관계자들과의 진정한 소통이 그 중심이어야 함을 기억하기 바란다.

소통은 갈등 관리의 원천이다

당신은 '갈등'을 한자로 쓸 수 있는가? 한자로 쓰기가 어렵다면, 최소한 '갈'과 '등'을 어떤 한자로 사용하는지 생각해 보기 바란다. '葛藤' 매우 어려운 한자이다. 두 글자의 공통점은 모두 '풀 초(草)'가 머리에 있으므로 식물을 의미한다. 어떤 식물일까? 바로 '칡과 등나무'이다. 즉, 칡 갈(葛)에, 등나무 등(藤)을 쓴 것이다. 그렇다면 칡과 등나무의 공통점은 무엇인가? 두 식물 모두 다른 물체를 감고 올라가는 덩굴식물로, 엉켜있는 것이 특징이다. 칡과 등나무는 덩굴식물로, 곧지 않고 여기저기 얽히고설키는 특징을 갖고 있다. 이 두 가지 식물처럼 인간 관계나 리더십을 발휘해야 하는 상황도 이와 유사하지 않은가? 여기저기 얽히기도 하고 또 섞여 있기도 하다 보니 답답하고, 때로는 이것을 어디서부터 어떻게 풀어야 할지 고민스러울 때도 있다. 그러나 세상을 살아가는 동안 그 누구와도 발생할 수밖에 없는 필연적인 덩굴식물 같은 갈등에 대한 시각은, 해결하려는 시도보다는 '어떻게 잘 관리할 것인가?'라는 고민부터 시작되어야 한다. 시간, 돈, 일의 양, 건강, 하물며 술도 잘 관리해야 하는 것처럼 갈등도 해결의 대상 이전에, 관리(management)의 대상이 되어야 한다.

그렇다면 이해관계자들과의 필연적인 갈등은 어떻게 관리할 것인가? 우선 상황을 바라보는 시각을 바꾸는 것이 효과적이라고 앞서 이야기했다. 그러나 생각의 전환만으로는 실제 갈등에 대한 근본적인 관리가 이루어졌다고 할 수 없다. 갈등 관리의 가장 적극적이고 효과적인 방법은 이해관계자들과 제대로 된 소통을 하는 것이다.

[칡나무와 등나무]

소통은 조직 시너지와 조직 몰입으로 안내한다

400m 육상 릴레이 세계신기록과 100m 세계신기록을 네 번 합산한 것을 비교하면 어떤 기록이 더 빠를까? 400m 릴레이는 곡선주로가 포함된 운동장 한 바퀴를 4명의 선수가 바통을 주고받으며 릴레이로 뛰는 방식이다. 이와 다르게 100m 세계신기록은 직선주로만 전력으로 달린 세계신기록 보유자의 기록을 단순히 4배했다는 의미이다. 그렇다면 직선주로를 전력으로 달린 100m 세계신기록을 4배 한 것이 더 빠르지 않을까? 더군다나 400m 릴레이에는 곡선이 포함되어있고, 4명의 주자 중에 100m 세계신기록 보유자는 1명(때에 따라 없을 수도 있다)뿐일 테니 말이다. 그러나 이러한 단순한 예상을 뒤엎고 실제로는 400m 릴레이 세계신기록이 더 빠르다.

왜 그럴까? 우선 400m 릴레이는 달리면서 바로 전 주자의 바통을 이어받기 때문에 가속도를 높일 수 있다. 그리고 팀의 감독이나 코치가 선수 4명의 장단점을 정확히 파악하여 그들이 최상의 실력을 발휘할 수 있도록 달리는 순서를 전략적으로 구상할 수 있다.

예컨대, 첫 번째 주자부터 마지막 주자까지 능력에 맞는 맞춤형 선수 구성이 가능한 것이다. 어떤 선수를 1번 주자로 세우고, 어떤 선수를 마지막 주자로 세울 것인지는 그들의 훈련과정과 기록을 통해 감독이 최종적으로 결정을 하게 된다. 또한, 어떤 감독은 최종 의사결정에 이르기까지 코치진과 선수들이 소통한 결과를 통해 순서를 결정하기도 한다. 그리고 경기장에서 뛰는 4명의 선수는 코칭스태프의 기대대로 서로를 믿고 자신의 구간에서 책임을 다해 열정적으로 달린다. 물론 나머지 구간은 팀 동료들이 각자의 책임을 완수해 주리라 믿으면서, 간혹 특정 선수의 바통 터치에 문제가 생겨 기록이 저조해도 그 선수를 비난하지 않고, 아쉬움은 훈련과 노력으로 대체하여 또다른 미래를 도모한다.

스포츠 단체 경기에서 성적이 좋은 팀의 특징 중 하나는 대화 시 코칭스태프(리더)와 선수(팔로워) 간에 서로의 눈빛만 봐도 통하고, 상대가 무엇을 원하고 무엇을 말하고 싶은지 알 수 있다는 것이다. 다른 말로 하면, 훈련과 실전 상황을 가리지 않고 코칭스태프(리더)와 선수의 마음이 서로 잘 통한다(通)는 것이며, 통한다는 것은 소통이 잘된다고 할 수 있다. 결국, 팀워크도 단단해지고, 이 팀을 지도하는 리더와 모든 선수 간의 소통이 잘 되어 그들이 가지고 있는 능력보다 더 큰 시너지를 낼 수 있게 된다. 결국, 리더와 모든 구성원이 함께 승리할 수 있는 단초가 되는 것이다.

그렇다면 통(通)하는 관계와 조직은 팀워크를 다지고 시너지를 낼 수 있는 효과 외에 어떤 장점이 있을까? 소통은 조직 몰입의 중요한 수단이 되기도 한다. 조직 몰입이라는 단어는 리더십에서 주로 사용되는 의미로, 자신이 속한 조직을 떠나지 않고 오랫동안 그 관계를 유지하고자 하는 근속몰입의 뜻으로 활용되기도 한다. 만약 자신이 속한 조직에서 받고 있는 급여, 이권, 명예 등을 잃게 될지도 모른다는 불안감이나 다른 곳으로 옮길만한 특별한 대안이 없어서 그 조직에 남아있다고 한다면 왠지 씁쓸한 마음이 들지 않는가? 그러나 내가 속한 조직을 떠날 수 없고 오랫동안 몰입할 수 있는 이유가 조직과 인간관계에 대해 가지고 있는 만족감, 소속감, 일체감, 애착 등이라면 이야기는 달라진다. 이런 것들에 필요한 핵심요소 중의 하나가 바로 소통이며, 리더와 구성원 간의 진정한 소통은 관계와 조직에 대한 만족감, 소속감,일체감, 애착 등을 가능하게 할 수 있다.

02

소통의 착각에서 벗어나자

―――――――― 소통의 중요성을 명확하게 이해했을지라도, 우리는 일과 삶 속에서 자신도 모르게 많은 오해와 착각에 빠져서 살고 있다. 과거에 대한 집착 때문에 환상에 빠져 착각을 범하는 경우도 있고, 타인에 의해 현실을 직시하지 못하는 착각에 빠지는 경우도 있다. 이렇듯, 사람에 대해서나 특정 상황에 대해 착각에 빠지는 것처럼 소통과 관련된 여러 가지 착각으로 혼란을 겪거나 어려움을 당하기도 한다. 지금부터 리더들이 겪게 되는 소통 관련 착각에 대해 알아보기로 하자.

착각 1 : 언어가 비언어적인 요소보다 더 중요하다

첫 번째 커뮤니케이션 착각은 대화 시 언어적인 요소가 비언어적인 면보다 더 중요하다고 생각하는 것이다. 언어는 단어나 말의 내용을 의미하며,

비언어적인 요소는 말하는 방법이나 제스처, 바디랭귀지, 표정 등이 포함된다. 언어와 비언어적인 요소는 대화에서 가중치가 어떻게 다를까?

몇 가지 사례로 생각해 보자. 퇴근 무렵 김 대리가 자신의 상사에게 "팀장님, 먼저 퇴근하겠습니다."라고 말하며, 사무실 문 쪽으로 나간다. 김 대리를 응시하는 상사의 말이 이어진다. "응, 퇴근한다고? 그래, 먼저 퇴근해." 그런데 이 말이 끝나니 김 대리의 발걸음이 머뭇거려진다. 왠지 상사의 음성에는 '벌써 퇴근한다고?'라는 의미가 담겨져 있는 것이다. 분명 단어(말의 내용)는 "그래, 먼저 퇴근해."라고 하지만 그 의도는 '지시한 업무는 제대로 하는 거야?' 혹은 '6시가 되자마자 나보다 먼저 칼퇴근하는 거야?" 라는 등 자신의 마음을 다른 말로 포장해서 전한 것이다.

이렇듯 말의 내용과 실질적인 의도가 상이하여 소통의 품질을 저하시키는 경우가 있다. 이런 것을 이면 커뮤니케이션이라고 한다. 이런 이면 커뮤니케이션이 발생하는 근본적인 이유는 대화에서 언어적인 요소(7%)보다 비언어적인 요소(93%)의 가중치가 훨씬 높기 때문이다. 이면 커뮤니케이션이 대화 품질을 저하시킴에도 불구하고, 사람들은 왜 이면 커뮤니케이션을 하는 것일까?

첫 번째 이유는, 이면 커뮤니케이션 사용 방법을 알게 모르게 부모님 세대와 상사로부터 학습했기 때문이다. 우리나라 부모님의 자녀 사랑 방식 가운데 독특한 것 중 하나는 자신의 마음을 숨기고 말하는 것이다. 시골에 계신 부모님이 자녀가 보고 싶어도 "일하느라 힘들지! 이번 주말에 피곤하면 고향에 내려오지 않아도 괜찮아!"라고 말하는 경우나, 맛있는 음식을 식탁에 놓고도 "난 배가 부르니 너희나 천천히 많이 먹어!"라고 말하는 것

등 자녀에 대한 사랑을 이면 커뮤니케이션으로 나타내기도 했다. 그러나 이제는 부모도 자녀에게 본인의 마음을 제대로 전달하는 것이 좋을 듯하다. "사랑하는 아들과 딸, 다음 주말에 꼭 보고 싶어. 피곤하겠지만 시간 내서 함께 식사했으면 한다."라고 말하는 편이 오히려 좋을 수 있다. 그렇다고 당신이 부모님이나 상사에게 "대화의 품질을 저하시키는 이면 커뮤니케이션은 가급적 하지 않았으면 합니다."라고 무례하게 요청할 수는 없다. 그것보다는 상대방이 이면 커뮤니케이션을 할 때, 상대방이 하는 말의 내용보다는 숨겨진 의도를 정확하게 파악하기 위한 노력이 더욱 필요하다. 그것이 눈치코치라 할지라도 말이다.

이면 커뮤니케이션을 하게 되는 두 번째 이유는 상대를 비난하고자 할 때 습관적으로 비꼬는 투로 활용하는 경우이다. 예를 들면 자신의 마음에 들지 않는 후배들의 행위를 보며 "잘들 논다." 혹은 "그렇게 일하는 것을 보니, 자네가 마치 사장 같네."라는 식의 말이다. 결론적으로, 이와 같은 이면 커뮤니케이션은 우리 모두가 결코 해서는 안 될 상대를 죽이는 금기어이며, 막장 리더로 가는 지름길이 되므로 튜닝 리더십을 발휘하고자 하는 리더에겐 더더욱 안 될 말이다.

마지막으로 이면 커뮤니케이션을 하는 이유는 상대의 요구에 대한 거절을 우회적으로 표현할 때 활용하는 경우이다. "박 대리 고충에 대해서 한 번 생각해 볼게.", "사장님께 기회 있을 때, 보고하지 뭐.", "일단 검토하지." 등의 표현은 긍정의 메시지보다는 부정의 의도를 담는 경우가 훨씬 많다. 막장 리더와 이별하고, 튜닝 리더십을 선택한 리더들이여, 명심하라! 이면 커뮤니케이션은 소통의 품질을 저하시키므로 가급적 중단해야 한다. 그러나 이해관계자들이 하는 이면 커뮤니케이션은 말의 내용보다는 숨겨진 의도를 파악해서 소통해야만 진정한 튜닝을 할 수 있는 것이다. 다음의 사례를 통해 후배들의 이면 커뮤니케이션에 포함된 마음속 의도를 확인하고 튜닝해 보기를 바란다.

1. 오 팀장님, 경리 팀장이 자금집행 협조를 안 해 주십니다. 어떻게 하지요?

(본인의 직급으로는 어려우니, 같은 직급인 오 팀장이 경리 팀장을 직접 만나서 해결해 달라는 부탁이다.)

2. 부장님, 제가 3주 연속 합숙 교육을 진행하고 있습니다.

(휴가를 원하거나 자신의 노고를 인정하고 격려해 달라는 말이다.)

튜닝 리더는 상대의 비언어적 메시지로 심리 상태를 읽는다.

리더는 이해관계자들의 몸짓, 표정, 제스처 등의 비언어적인 메시지에 주목하고, 그 메시지를 통해 그들의 심리 상태를 유추해야 한다. 바디랭귀지 분야의 전문가 앨런피즈(Allan Pease)의 제언을 참조하여, 리더들이 파악할 수 있는 이해관계자들의 대표적인 비언어적 메시지를 정리해보았다.

* 손가락으로 책상을 두드리거나, 발로 바닥을 치는 것은 조바심의 신호이며, 속도가 빨라질수록 조바심의 정도가 커진다는 것이다.
* 손을 오므린 채로 턱을 괴거나 뺨을 받치면, 당신의 말이 지겹다는 것을 보여주는 메시지일 수 있다.
* 메모하는 것은 당신의 말에 귀를 기울이거나 관심을 보인다고 할 수 있다. 그러나 당신과 눈을 마주치거나 몸을 당신 쪽으로 향하지 않는다면, 그들은 다른 낙서를 하고 있을 수도 있다.
* 목청을 가다듬으면 신경이 예민해져 있음을 알 수 있다.

* 팔을 흔들거나 어깨를 돌리면, 현재의 상황에서 벗어나고 싶다는 메시지일 수 있다.
* 가슴에 팔을 포개고 있으면, 방어적이거나 걱정에 싸여 있음을 보여준다.
* 머리를 양손으로 감싼 채 뒤로 제치고 있으면, 애써 마음을 제어하고 있음을 보여준다.
* 다리를 떨면 불안한 심정을 엿볼 수 있다.
* 시선을 아래로만 향하고 있으면, 당신의 말에 무관심하거나 절망감의 표현일 수 있다.

착각 2 : 내가 사용하는 단어의 의미를 상대방도 나와 똑같은 의미로 받아들일 것이다?

직장에서 남녀 간의 성희롱 문제는 어제오늘의 이야기가 아니다. 인사담당자 포함 삼자대면을 하게 되면 당사자 두 사람이 하는 말이 있다. 남성 A 씨가 말하기를 "나는 여직원 B 씨에게 그럴 의도로 말 한 것이 아닌데, 오히려 제가 당황스러워요." 곧이어 여성 B 씨가 반박한다. "아니에요! 나는 분명히 성적수치심을 느꼈어요." 한쪽에서는 그럴 의도가 없었다 하고, 또 다른 쪽에서는 그런 의도가 있었다고 하니 어찌하겠는가? 간혹 중간 입장에서 들어보면 매우 애매한 경우도 있다. 판례나 법적으로 과실을 판단하기 전에 우선되어야 할 것은, 소통에서 자신이 사용하는 단어의 의미가 상대방에게도 같을 수 있다는 착각으로부터 이런 문제가 발단될 수도 있다는 것을 기억해야만 한다.

이 두 번째 착각 때문에 어려움을 겪는 일은 40, 50대와 급식체를 사용하는 10대들의 대화에서 훨씬 많이 발생한다. 혹시 급식체를 '급하게 먹다가 체했다.'라는 의미로 이해하지는 않았으리라 믿는다. 급식체는 학교 급식을 먹는 세대인 10대들의 언어를 일컫는 말이다. 예컨대 '답정너(답은 정해져있으니 너는 대답만 하면 돼!)' 혹은 '갑툭튀(갑자기 툭 튀어나오다의 준말로, 분위기 파악 못 하고 등장하는 것을 일컬음)' 등이다. 물론, 이런 신조어도 빠르게 사라지겠지만, 만일 당신이 조직 내에서 후배(부하)들에게 '답정너'나 '갑툭튀'의 대명사로 은연 중에 불리고 있다면 당신은 튜닝 리더십과 무관한 리더임에 틀림이 없을 것이다. 여하튼 당신이 급식체 언어 혹은 줄임말의 의미를 정확히 파악하고, 이해관계자들과의 대화 중에 간혹 사용한다 할지라도 그들 또한 이 의미를 정확히 알고 있으리라는 보장은 없다. 그러므로 당신이 사용하는 단어의 의미를 상대방도 똑같은 의미로 받아들일 것이라는 착각은 소통의 품질을 저하시키는 또 하나의 주범인 것이다. 물론, 자녀나 신세대 직원들과의 원활한 소통을 위하여 그들이 주로 사용하는 인터넷 신조어나 줄임말을 습득하여 적재적소에 활용하는 당신의 노력에는 큰 박수를 보낸다. "세종대왕을 노엽게 하는 국적 불명의 말을 더는 사용해서는 안 된다."라는 누군가의 일침에 앞서 때로는 타인과의 튜닝과 소통을 위한 신조어 및 줄임말들을 학습하는 노력이 더 효율적일 수 있기 때문이다.

착각 3 : 상대방도 나와 똑같은 방식으로 이해할 것이다?

기획서 작성 지시를 한 상사에게 실무자인 박 과장이 "김 상무님, 마케팅 기획안을 2~3일 내에 보고 드리면 될까요?"라고 말했다고 가정하자. 사실 박 과장은 최대 3일까지 시간을 벌었다고 생각하지만, 하루만 지나면 상사인 김 상무는 "박 과장, 기획안 작성 다 되어 갑니까?"라고 채근할지도 모른다. 왜냐하면, 2~3일의 범위에 대한 인식이 상사인 김 상무에게는 2일, 실무자 박 과장에게는 3일로 다르게 생각될 수 있기 때문이다. 소통의 달인이 되기 위해 김 상무라면 2~3일 안에 보고하겠다는 박 과장의 말을 듣고, 그의 기준은 3일일 수 있다는 생각을 해야 할 것이다. 사실 사람들은 '있는 그대로의 상황을 그대로 듣지 않고, 듣고 싶은 대로 듣는다.' 즉, 심리학의 '선택적 지각' 이론이 당신에게 현실로 다가온 것이다. 당신에게 실연의 아픔이 있다면, 실연 당시 들리는 이문세 씨의 '탁자 위에 물로 쓰신 마지막 그 한마디 서러워 이렇게 눈물만 그대여 이젠 안녕'이라는 '이별 이야기' 속의 가사는 일반인들이 인식하는 방식과 전혀 다른 것으로 당신에게 다가왔을 것이다. 당신의 경험, 느낌, 지식, 상황들과 타인의 그것들과는 현격한 차이가 있다. 그러므로 이해관계자들이 나와 똑같은 방식으로 이해할 것이라고 생각하는 리더의 착각은 튜닝 리더십 발휘와 소통에서 적신호일 수 있는 것이다.

03

진실성이 결여된 리더, 강요하는 리더는 살아남지 못한다

진실성인가? 소통의 스킬인가?

아래는 잡코리아에서 발표한, 일부 기업의 '구직자를 혹하게 하지만, 진실성(Integrity)이 결여된 대표적인 말'들이다. 당신은 기업의 면접관들이 구직자에게 하는 이런 유형의 말들을 들어 본 적이 있는가?

① 현재 연봉은 낮게 책정하지만, 입사 후 능력에 따라 연봉을 올려 줄 것이다. (41.1%)

② 우리 회사는 정말 가족적인 분위기로, 화기애애한 분위기에서 편안하게 근무할 수 있는 곳이다. (21%)

③ 우리 회사는 스펙보다는 인성을 중시한다. (14.2 %)

④ 우리 회사는 현재보다는 미래의 비전이 원대한 회사로, 당신에게는 기회의 장이 될 것이다. (12.8%)

당신 주변을 둘러보라. 정치, 경제, 사회, 문화, 종교, 교육 등 여러 분야의 리더 중 각종 미사여구와 전달 스킬로 대중들의 마음을 사로잡는 자칭 커뮤니케이션의 고수들이 많다, 그러나 그들의 소통 스킬 속에 진실성(Integrity)이 빠져 있다면, 모래 위에 집을 짓는 상황처럼 결국은 의도와는 다르게 낭패를 보게 됨을 명심하라.

수년 전부터 지금까지 기업에서 정의되고 회자되는 산수 공식 하나가 있다.

100 – 1 = 99가 아니라 100 – 1 = 0

어떤 의미일까? 이 공식은 고객과의 관계 혹은 대인관계에서 100번 잘해주다가 한 번 못 해 주면 99개가 남는 것이 아니라, 그동안 잘해 준 99번이 잊히고 '0'이 된다는 말이다. 물론 자신도 모르고 한 언행은 용서받거나 이해될 수도 있겠지만, 의도적으로 진실성을 빠뜨리고 한 소통은 단번에 관계가 단절될 수 있다. 그러므로 전달 스킬이 진실성(Integrity)보다 더 중요하다고 말하는 것은 억측일 수 있기에 '진실성(Integrity)이 소통 스킬보다 더 중요하다.'라고 바꾸어 보기를 권한다. 소통에서 진실성이 담보되지 않은 스킬은 무의미하다는 말이다. 물론, 진실성과 소통 스킬의 균형이 중요함은 당연하다. 아래의 마텔(Mattel) 사례를 통해, 진실성이 중심이 된 소통에 대해 다시 한 번 생각해 보기를 바란다.

바비 인형'으로 유명한 마텔의 사례이다. 마텔은 2008년 장난감에서 납 성분이 검출되는 등의 제품에 문제가 발생하면서 한 달에 무려 세 차례나 리콜을 실시했다. 아이를 둔 30~40대 젊은 부모를 중심으로 한 분노의 목소리는 '장난감 왕국'이라는 아성이 곧 무너질 것처럼 보였다. 하지만 위기는 오래가지 않았다. 마텔의 최고 경영자 로버트 에커트(Robert Eckert)가 직접 방송 뉴스에 출연해 진정성과 진실성을 갖고 소비자에게 사과하고, 일체의 미사여구 없이 리콜 요령을 소개하면서부터 극적으로 회복의 길에 접어들고 분위기는 반전되었다. 에커트는 납 성분이 장난감에 들어가지 않게 하기 위한 3단계 조치를 명료하게 설명했을 뿐만 아니라, 재발 방지책과 함께 문제가 발생하기 2년 전부터 판매된 제품도 전량 회수해서 부모들의 마음을 헤아렸다고 한다. 그 결과 마텔은 단기적으로는 큰 손해를 본 듯 했으나 결과적으로는 위기에서 벗어나 정상화를 기할 수 있었다.

문제 발생 시 리더는, 순간의 위기를 모면하기 위해 돋보이는 커뮤니케이션 스킬로 상대의 마음을 돌리려는 노력보다는 진정성 있는 사과와 문제해결을 위한 진실한 소통을 하는 것이 고객뿐 아니라 다양한 이해관계자 등과 튜닝하는 지름길이다.

본인이 강요하고 있다는 것을 망각하고 있다

'소통(疏通)'의 사전적 의미는 '사물이 막힘 없이 잘 통하거나, 의견이 타인에게 잘 통하는 것'이라고 표기되어 있다. 영어로는 'communication(대화)' 혹은 'interaction(상호작용)'으로 표기된다. 즉, 진정한 소통은 리더와 후배 혹은 구성원간의 상호작용임에도 불구하고, 어떤 사람은 은연중에 강요하면서도 정작 강요하고 있음을 인식하지 못한다는 것이 가장 큰 문제이다. 소통은 결코 강요하거나 자신의 고집을 관철하는 것이 아니다.

다음은 리더들이 조직에서 빈번하게 하면서도 본인은 잘 인지하지 못하는 강요 사례이다(필자의 기업 교육 현장에서 수강생들의 토론 중 발췌).

1. 기획안을 올린 부하에게 (상사 曰) "김 대리의 기획서가 좋은 아이디어인 건 알겠는데, 과연 이 아이디어로 고객의 마음을 움직일 수 있을까? 이 기획안보다는 내가 어제 말한 대로 하는 게 어때?" (김 대리 마음) '좋은 아이디어면 고객의 마음을 움직일 수 있는 거 아닌가요? 결국, 본인의 주장대로 하자는 거잖아요.'

2. 하반기 목표 수립 전 부하에게 (상사 曰) "최 주임! 나는 하반기 매출 계획을 전반기 대비 15% 정도 올리면 좋을 거란 생각인데, 최 주임 의견은 어떤가?" (최주임 마음) '그냥 매출 계획 15% 올리라고 말하세요. 시간 낭비하게 의견은 왜 묻는 겁니까?'

어디서 많이 들어봤던 리더들의 말이 아닌가? 물론 리더들의 노하우, 치밀한 시장조사, 트렌드 분석 등에 입각한 경험의 촉으로 나온 아이디어라면 당연히 리더들의 생각이 채택되어야 하고, 채택을 위해 리더들은 구성원들을 잘 설득해야 할 것이다.

리더의 일방적인 강요는 구성원들의 창의력을 퇴보시키며, 당신의 팀은 쇼윈도 조직으로 전락하게 될 것이다. 물론 막장 리더의 사례가 됨과 동시에 언젠가 리더인 당신이 당신의 등 뒤를 돌아보게 되었을 때, 불행하게도 따르는 사람은 아무도 없고 그림자만 당신과 함께할지도 모를 일이다.

04

리더의 '따뜻한 말' 이벤트

립서비스는 따뜻한 말이다

당신이 생각하는 립서비스란 무엇인가? 사전에 립서비스란 '그럴싸한 말로 상대의 비위를 살살 맞추는 일'이라고 기록되어 있다. 그러나 립서비스를 위기모면의 수단이나 자신의 이득만을 챙길 목적으로 활용하는 것이 아니고 상대의 잠재력을 강화시키는데 도움을 줄 수 있는 동기로 사용된다면, 립서비스의 긍정성은 배가 될 것이다. 튜닝 리더와 소통의 고수가 되기를 선택한 당신은 사전에 있는 립서비스의 정의를 이렇게 고쳐 쓰고 활용하기 바란다. "립서비스란 상대의 기분을 좋게 하는 따뜻한 말로, 상대의 잠재력을 극대화시키는 소통의 좋은 수단이다."라고 말이다.

따뜻한 말로 주문하면 50% 할인!

국내 E 커피전문점에서 시행했던 '따뜻한 말 한마디' 이벤트를 기억하는가? 음료 주문 시 바리스타의 이름을 부르며 따뜻한 멘트로 주문하는 고객에게는 최대 50% 할인이 적용되며, "아메리카노 한 잔 주세요." 식의 공손한 말투를 사용하면 20%를 할인받는다고 한다. 이와 반대로 손님이 "아메리카노 한 잔"과 같은 반말투의 불친절한 주문을 하면 정가를 받거나 오히려 할증이 적용된다고 한다. 알려진 바에 의하면 이 이벤트는 프랑스 니스의 카페 '라 프티트 시라(La Petite Syrah)'의 아이디어로 시작되었으나 어쨌든 따뜻한 립서비스로 할인된 커피도 마실 수 있다니 고객에게는 일거양득의 효과가 아니었겠는가?

당신도 이 사례를 벤치마킹하여 '따뜻한 말 한마디' 이벤트를 해 보는게 어떨까? 오늘 당신의 후배나 동료 그리고 배우자가 가장 듣고 싶어 하는 명품 립서비스를 활용해 보자는 것이다. "자네라면 잘할 수 있을 거야!", "김 주임, 자네와 함께하는 것은 나 또한 기쁨이네!", "최 대리, 자네 정말 괜찮은 사람이야!", "내가 인복이 많다니까!", "당신 덕분에 우리 팀이 빛나네.", "여보, 당신은 여전히 매력적이야!", "당신 덕분이야!" 등의 립서비스에 따뜻함, 정(情), 혼(魂)을 담아보기를 바란다.

이런 립서비스는 타인의 마음의 문을 열고 그들의 잠재력을 극대화할 뿐만 아니라, 상대를 내 편으로 만들기 위한 '소통법'이며 진정한 칭찬으로 전환될 것이다. 필자가 경험한 대리급 이하 직원들 교육 시, 조직의 부하나 후배들은 이렇게 말한다. "리더들은 칭찬을 많이 한다고들 하는데, 칭찬받은 사람은 없어요." 과연, 그 많은 리더의 칭찬은 모두 어디로 갔을까? 그들의 칭찬은 단지 자신의 이득을 얻거나 순간적인 위기를 모면하기 위한 말들이 아니었을까?

실천 과제

[5.4.1]

당신이 지난 주간, 이해관계자들에게 했던 따뜻한 말들을 기록해 보고, 이번 주간 이해관계자들의 마음을 열고, 기를 살리며, 잠재력을 극대화할 말(멘트)들을 준비해 보자.

지난 주간			이번 주간 계획	
어떤 상황에서	누구에게	어떤 따뜻한 말을 했나?	누구에게	어떤 따뜻한 말을 할 것인가?

05

리더의 소통에는 유효기간이 있다

―――― 딸아이가 초등학교에 다니던 때였다. 딸아이 생일날 오후 몇몇 친구들을 집에 초대해서 파티를 할 때였다. 나는 아이들과 대화하면서 평상시 가지고 있던 유머감각으로 딸아이 친구들에게 웃음을 선사하고 있었다. 그중 한 아이가 "너희 아빠는 유머감각이 뛰어나셔서 좋겠다. 우리 아빠는 무뚝뚝한데!"라고 말했다. 딸아이 친구에게 받는 찬사니 필자 마음이 얼마나 좋았겠는가? 그 순간 딸아이의 반응이 더 기대되었는데, 바로 이어지는 딸아이의 한 마디로 모든 것이 종결되어 버렸다. "재미있는 것도 한두 번이지. 너희도 우리 집에서 한 번 살아봐! 얼마나 썰렁한데…." 놀이공원에서 롤러코스터가 끝났을 때와 같은 기분을 느끼게 된 것이다. 딸아이 친구들에게는 나의 말이 신선한 웃음으로 전달되었지만, 함께 사는 딸에게는 과거와 비슷한 패턴으로 웃음을 주었기에 그 신선함이 사라

진 것이다. 음식물에도 유효기간이 있는 것처럼 어쩌면 소통에도 유효기간이 있다는 것을 깨닫게 된 것이다. 즉, 소통 방식에도 유효기간이 있음은 물론 소통의 주제에 따른 유효기간도 상이해야 한다. 소통의 주제에 따른 유효기간은 얼마나 될까? 다음을 통해 생각해 보자.

❶ 패스트푸드처럼 장기적인 저장보다는 한번에 먹어야 하는, 단 1회로 제한되는 소통의 주제가 있다. 이를테면 동일한 칭찬, 푸념, 잔소리 등은 계속 반복하는 것보다 한 번이 좋다. 이 책의 제1장 '나는 이런 리더를 해고하고 싶다.' 편에 나오는 뒷담화에 대한 내용을 기억하는가? 함께 하기 싫은 사람에 대해 누군가와 뒷담화를 하는 것은 속풀이의 순간적인 대안이 될 수 있지만 단 한 번으로 족하다고 했다. 어쩌면 동일한 내용의 립서비스도 단 한 번이면 족할 것이다.

❷ 이에 반해서 가공식품이나 통조림처럼 소통의 주제, 방식 등도 유효기간이 길거나 아예 없는 것들이 있다. 예컨대 작업 현장에서의 안전수칙 준수를 위한 리더의 반복된 말들은 여러 번 반복해도 지나침이 없는 것이다. 또한, 리더가 기업 위기의식에 대해 지속적으로 구성원들과 소통하고 강조하는 것도 나쁘지 않다. 조직의 리더라면 때로는 구성원과의 긴장감을 유지하기 위해, 없는 위기도 다른 형태로 반복적으로 만들어 소통하는 것도 나쁘지 않다.

프랜차이즈 중에 '백채 김치찌개'라는 식당이 있다. 식당 벽이나 주인의 명함에 보면 특이한 문구가 쓰여 있는 것을 볼 수 있다. '고기를 아끼면 우리는 망한다.' 본사나 가맹점의 사장 모두 이 문구에 대해 지속적으로 직원들과 소통한다고 한다. 앞으로 발생할지도 모를 위기에 대해 유효기간 없이 반복적으로 소통하는 것은 오히려 건강한 긴장감 조성으로 조직을 살아 숨 쉬게 할 수 있다.

❸ 또한 묵은지나 장맛처럼 시간이 지나야 더 빛을 발하는 말들도 있다. 결혼식 당시에는 신랑 신부에게 전혀 들리지 않았던 주례사가 오랜 시간이 지나서 결혼식 영상을 다시 볼 때, 왠지 더 귀에 쏙쏙 들어온다. '주례사처럼 사는 것이 쉽지 않지만, 다시 한 번 노력해 봐야지.'라는 결심을 하는 부부가 있다면 그 주례사는 유효기간에 무관하게 곱씹을수록 괜찮은 내용이 된 것이다.

3년 전, 한 커플에게 했던 나의 주례사도 시간이 지날수록 그 부부에게 더 진하게 다가오기를 기대해 본다. 신입사원 시절 상사의 말이 본인이 상사가 되었을 때, 그 의미를 깨닫게 되는 것처럼 말이다. 당신 역시 시간이 지날수록 더욱 빛을 발하는 장맛 같은 말로 이해관계자들의 마음을 얻기를 바란다.

튜닝 리더십

막장 리더와 이별하기

06

소통 달인에 도전하자

튜닝 리더십 소통 실천

대중에게 다가서는 지름길은 그들에게 혀를 내미는 것이 아니라 귀를 내미는 것이다.
내가 상대방에게 어떤 달콤한 말을 한다 해도,
상대방 입장에서는 자기가 말하고 싶어 하는 얘기의 절반만큼도 흥미롭지 않은 법이다.

- 도로시 딕스, 컬럼리스트 -

말이 많으면 허물을 면하기 어려우나, 그 입술을 제어하는 자는 지혜가 있느니라.

- 잠언 10:19 -

01

소통의 장애물은 사실 디딤돌일 뿐이다

———— 5장에서 언급했던 소통의 착각들은 모두 소통의 장애물이라 해도 과언이 아니다. 더 중요한 것은 이런 착각을 불러일으키는 근본적 원인을 파악하고 그 원인을 더는 장애물로 여기지 않고 반전을 위한 디딤돌로 삼는 것이다. 즉, 소통의 장애물을 방해요인이 아닌 디딤돌을 딛기 위한 일종의 필수 관문으로 생각하자는 것이다.

교육 현장에서 리더십 교육 시, 휴식시간이나 식사시간 중 학습자들이 강사인 필자에게 하는 말이다. "경력팀장으로 입사했는데, 전에 다니던 회사와 비교하면 여기는 타부서 업무 협조를 받으려면 시간이 너무 걸려요", "부서 이기주의가 심해서 전에 다니던 회사 생각이 가끔은 난답니다." 때로는 리더들이 이런 불평도 한다. "회사 정책상 본사 지원부서 팀장에서 영업 지점장으로 발령 받았는데 부하들 관리가 쉽지 않네요.", "우리 부서는 직원들 간에 연령차가 심해서 만만치 않습니다.", "부하들에게 업무를 지시하면 지시한 내용과 전혀 다른 기획서를 올리는 직원들이 얼마나 많은지 모릅니다." 등의 하소연도 있다. 지금까지 언급한 리더들의 말속에는 어떤 공통점이 있을까? 그것은 모두 차이에 대한 언급이다.

이 차이는 소통의 핵심적인 장애물이자 소통에서 흔히 범하는 착각들을 일으키는 근본적 원인이다. 이 차이의 대표적 유형으로는 정보 차이, 입장 차이, 가치관 차이 등 세 가지로 구분할 수 있을 것이다. 지금부터 소통의 장애물인 입장, 정보, 가치관 차이가 발생하는 원인을 알아보고, 이 원인별 대처법을 설명하기로 하겠다. 이 대처법에 대한 실천은 당신이 소통의 장애물을 디딤돌로 삼아 소통의 달인이자 튜닝 리더가 될 수 있는 또 다른 비결이 될 것이다.

정보 차이의 원인과 올바른 소통 방법

기준 차이

'편한 시간에 미팅할 수 있도록 회의실 예약해!'. '조금 더 열심히 해 보라고!' 등의 말들은 모두 모호한 표현이다. '편한 시간'이 나와 상대에게 다를 수 있고, '조금 더'와 '열심히' 역시 리더와 팔로워 간 기준에 따른 차이가 발생할 수 있다. 그래서 기준의 차이 극복을 위해 명확성, 정확성, 일관성 있는 전달과 상호 이해과정이 필요하다. 여기서 명확성이란 기준이 분명하고 구체적이라는 의미이다. 즉, 편한 시간보다는 오후 2시, 열심히 보다는 '납기 준수'나 '상사와 약속한 목표달성' 등이 훨씬 더 명확한 표현이다.

정확성은 전달 내용이나 정보가 사실과 다르거나 오류가 있지 않아야 함을 의미한다. 일관성은 자신의 기분이나 감정 상태에 치우치지 않고 말하는 '한결같음'이라고 할 수 있다. 리더의 출근 시, 그의 표정이 조직의 하루 분위기를 좌우하는 경우가 많다. 물론 리더가 구성원들에게 자신의 감정 상태와 다르게 언행을 늘 긍정적으로 할 수는 없다. 그러나 감정 기복이 심한 소통은 구성원들을 매우 당황하고 난처하게 할 것이다. 다시 말하지만, 소통의 달인은 정보차이 극복을 위해 대화 중 명확성, 정확성, 일관성을 실천하기 위한 노력을 필수적으로 해야 한다.

정보의 양과 질이 다르다

말 그대로 리더 자신이 습득한 정보의 절대량과 수준에 따라 소통이 잘 될 수도 있고, 그렇지 않을 수도 있다는 의미이다. '승자의 저주'라는 말이 있다. 특정 기업이 많은 경쟁자를 제치고 인수합병에서 승자가 되었을 때, 승자로서 갖게 되는 이득보다는 자금 압박으로 인해 주가의 하락과 함께 그룹 해체까지 이를 만큼의 위험성이 닥칠 수 있는 것을 승자의 저주라 표현한다. 즉, 승자로서 축복을 누리는 것이 아닌 승자의 저주가 임할 수 있다는 경고 메시지가 있는 것처럼 우리가 소유하고 있는 정보의 양과 질이 소통 과정에서 축복이 되지 않고 오히려 저주가 될 수도 있을 것이다. '지식의 저주'라고 하면 이해하기 쉬울 것 같다.

그렇다면, 정보의 양과 질의 차이에서 오는 '지식의 저주'를 극복하기 위한 대처 방법은 무엇일까? 일단은 소통 과정에서 용이성과 간결성이 조합된 내용 구성과 전달이 필요할 것이다. 가전제품을 구매했던 경험이 있는가? 가전제품의 기능에 대해 전문적인 단어로 어렵게 설명을 하는 판매사원과 소비자의 수준에 맞춰 쉽게 설명하는 판매사원을 만난다면 당신은 어느 사람에게 좋은 점수를 주겠는가? 건강검진이나 질병 치료를 위한 수

술 관련 상담에서도 그들의 전문적인 용어로만 어렵게 설명하는 의료진과 환자 눈높이에 맞춘 상담을 하는 의료진을 대한다면 당신은 어느 쪽에 좋은 점수를 주겠는가? 부하에게 업무지시를 하면서 본인만 이해하고 있는 어려운 전문용어로 장황하게 전달하는 리더와 서로가 이해할 수 있는 쉽고 간결한 메시지로 설명하는 리더 중 당신은 누구에게 후한 점수를 주겠는가? 당연히 후자의 사람들이 아니겠는가? 이들이야말로 상대와 튜닝하고 있는 소통의 달인들인 것이다. 물론 그들이 판매하는 전자제품의 품질이 좋아야 하고, 의료진의 의술이 뛰어나야 하며, 리더로서 전문성도 있어야겠지만, 소통 능력만큼은 제품의 품질이나 그들의 전문성과는 반드시 비례하지 않는 것이다.

필터링

필터링이란 대화에 있어서 전달자가 의도적으로 자신의 구미에 맞게 정보를 거르는 행위를 말하며, 이 필터링은 내용을 왜곡시키거나 앞뒤를 자르고 어느 특정 부분만을 전달하는 경우에 발생한다. 종종 유명 연예인과 기획사 대표 간의 계약 해지 사안을 두고 카톡 메시지 수발신에 악마의 편집이 있었다고 주장하는 언론 보도를 접한 적이 있을 것이다. 소송 중의 사건인 경우라면 법적인 판결이 있겠으나, 당사자들만이 진실을 알고 있으며 무엇보다 사건 발단부터 결말까지 상세한 정보가 공개되지 않고 필터링된 부분만으로는 제3자가 사실관계를 제대로 파악하기는 어려울 것이다.

그렇다면, 이 필터링을 극복하는 방법은 어떤 것이 있을까? 당신이 리더로서 말하는 사람이라면 팔로워(후배/부하)와의 대화에서 정보의 양은 축소

하되, 정보의 핵심만큼은 각색이나 가공 없이 전달하는 노력이 필요하다. 그리고 팔로워와의 대화 내용 중에 상대의 필터링 흔적이 느껴진다면 상대가 하는 말의 내용과 함께 의중을 파악하기 위한 노력도 필요하다. 또한, 상대가 하는 말이 자신의 생각과 일치하는 것인지 되묻거나 자신의 말로 반복 혹은 요약해서 확인해보는 습관도 필요할 것이다.

가치관 차이의 원인과 올바른 소통 방법

소통의 장애물 중 극복이 가장 용이한 것이 정보 차이라면, 이와 반대로 가장 어려운 것은 가치관 차이이다. 가치관이나 신념의 차이는 대화를 통해 좁히기 어려울 뿐만 아니라, 리더와 이해관계자 간의 문제와 갈등이 증폭되면 필요한 말만 하거나 아니면 대화 단절, 최악의 경우에는 이해관계자들이 조직을 떠나기도 한다. 이러한 가치관 차이가 생기는 원인은 크게 다음의 3가지로 구분할 수 있다.

살아온 방식의 차이

다른 직장에서 10년간 근무하고 경력으로 입사한 부하 직원이 당신의 부서에서 하루아침에 다른 직원들과 같은 동일한 방식으로 결재 서류를 작성하거나 업무 처리를 할 거라고 기대하는 리더는 많지 않을 것이다. 이 직원에게는 새롭게 적응하는 기간이 필요하다. 조급증을 탈피하고 주위에서 기다려주는 인내가 필요하다. 필자는 2004년 1월 말까지 직장 생활을 하며 13년 간 '갑'의 위치로 살아왔다. 업무상 만난 고객은 모두 내가 근무하는 사무실로 찾아와서 상담했고, 내가 그들에게 아쉬운 부탁을 하기보다는 대부분 그들이 내게 부탁을 하는 경우가 많았다.

대한민국에서 갑으로 산다는 것, 생각해 보면 괜찮았다. 돌이켜 보면 최근 계속 화두가 되고 있는 슈퍼갑의 지위 남용이라든가 갑질을 해 본 적은 없다고 생각하지만, 그 당시 나를 만난 '을'이 내게 어떤 생각을 가졌을지는 모르는 일이다.

어쨌거나 갑으로 살다가 2004년 2월 샐러리맨 생활을 청산하고 전문 강사의 길을 택하며 아울러 을의 지위도 갖게 된 것이다. 13년간 갑으로서 살아온 방식에 익숙해진 내게 갑작스러운 을의 생활은 처음에는 부담감도 있었고 그리 만만하지도 않았지만, 시행착오와 함께 시간이 흐르면서 '을'로 살아가는 지혜와 소통의 방법도 터득하게 되었다. 그러나 단순히 인내심과 기다림의 미학만 가지고 시간이 흐른다고 가치관 차이가 좁혀지지는 않을 것이다.

또 하나의 중요한 소통법이 있다. 그것은 다름 아니라, 상대의 가치관을 부정하지 않으면서 자신의 가치관을 전달해보는 것이다. 몇 년 전, 대한민국에서 간통죄가 위헌결정을 받고 사라지게 되었다. 법적으로 이제 간통은 형사 처벌의 대상이 되지 않게 된 것이다. 이 판결을 놓고 아직도 주변에서 많은 갑론을박이 있다. 만일 법적인 문제를 놓고 말하는 것이 아닌 도덕적이고 관습적인 가치관으로 대립하는 경우라면 상대의 의견에 대해 무조건 틀렸다고 고집하는 것보다, 상대의 의견에 동의하지는 않지만 최소한 그런 생각을 할 수 있다는 공감의 표시를 하며 자신의 생각을 말하는 것이 좋지 않을까? 때로는 대화의 주제를 다른 쪽으로 전환시키는 것이 리더가 해야 할 튜닝을 위한 소통의 지혜이다. 특별히 정치적인 성향의 가치관 차이라면 더욱 그러할 것이다.

경험 차이

오랫동안 특정 브랜드의 기능성 화장품을 사용해 온 주부에게 새로운 기능성 화장품을 구매하게 하는 것은 쉬운 일이 아니다. 10년간 강의실에서 강사와 상호작용하며 강의를 들어 온 사람들에게 인터넷 강좌를 구매하게 하는 것도 용이한 일이 아니다. 강의 현장에서 듣게 된 교육생들의 의견 중 상사로부터 듣기 싫은 몇 가지 공통된 말들을 소개하겠다.

사장님의 말 : “직원들이 주인의식을 함양해야 한다. 그러기 위해서는 사장의 마인드를 갖고 있어야 한다.” (대부분의 직장인은 사장을 해 본 경험이 없다.)

자금팀장님의 말 : “김 대리가 자금팀장이라면, 이 비용처리를 결재해 주겠어?” (김 대리는 자금팀장을 해본 적이 없고, 자금팀장의 입장으로 생각하는 것은 자금팀장이 지시해서가 아니라, 김 대리 자신이 자발적으로 마음을 움직여야 한다.)

직속팀장의 말 : “요즈음 애들은 휴가를 국경일 앞뒤로 이어서 가고, 도대체 회사는 나만 지키는 것 같다니까. 우리 때는 안 그랬는데….” (물론 주 52시간 법제화와 워라벨이 대세인 요즈음 이렇게 말하는 팀장들은 많이 줄었다. 그러나 팀장 경험이 없는 대부분 직원들은 팀장의 말에 동의하기 어렵다. 당신이 팀장이라면, 어렵겠지만 후배나 상사 눈치 보지 말고, 먼저 휴가를 가는 편이 좋을 것이다. 처음이 어렵지, 한 번 경험해 보면 다음에는 훨씬 더 수월해질 것이다. 반대로, 당신이 계속 과거만 강조한다면 꼰대를 넘어 막장 리더로 인식되는 것은 시간 문제이다.)

"새로운 기능성 화장품이 정말 좋다."라고 상대의 동의를 얻으려면 샘플 화장품 무료 제공을 통해 경험할 수 있는 기회를 주어야 한다. "요즈음 온라인 교육도 집합교육만큼 강사와 상호작용을 통해 재미있게 구성되었다."라고 말하는 것보다 샘플 강의를 무료로 체험하게 하는 것이 우선일 것이다. 필자는 '휴넷'이라는 사이트를 통해 세 개의 온라인 강좌를 개설했다. 이 과정들은 출시할 당시부터 맛보기 1회차를 무료로 제공하고 있는데 이것은 가망 학습자들에게 경험 제공을 통한 소통 전략의 일환이다.

어떤 회사에서는 위에 소개한 사장, 자금팀장, 팀장 경험이 없는 직원들을 위한 직간접 경험을 위해 직원들이 '하루 관리자에 도전해 보기'라는 이벤트를 시행하기도 하고, 직원 리더십이나 경영 시뮬레이션 교육 시 롤플레잉(역할 연기)을 통한 역할 바꾸기나 체험학습으로 팔로워들이 리더를 간접 경험하게 하는 튜닝을 연습하기도 한다. 또한, 어떤 기업들은 사장이나 리더들이 현장 직원들의 업무를 체험하여 리더의 소통과 리더십 역량을 향상시키기 위한 노력도 한다.

예컨대, LH CEO는 고객상담센터에서 일일 상담직원으로 변신하여 고객문의사항에 대해 직접 답변을 하고, 업무 체험 후 상담사들과 고객 불만처리 방법과 어려움에 대한 의견 청취와 소통의 시간을 가진다고 한다. 하나생명은 연 1회씩 CEO가 손님 케어센터에서 일일상담사로 나서 민원 응대와 더불어 상담사와 소통하는 시간을 가진다.

트라우마(TRAUMA)와 안 좋은 추억

트라우마와 안 좋은 추억으로부터 가치관의 차이를 극복하기 위한 첫 번째 소통법은 '변형하여 전달하라.'는 것이다. '트라우마'란 의학이나 심리학에서 쓰는 용어로 '신체적, 정신적 충격을 겪은 뒤 나타나는 외상성 신경증'이다. 처음 경험했던 식감의 좋지 않은 기억으로 당근이나 양파를 먹지 않는 자녀들이 있는가? 그때마다 건강식이라는 이성적인 말로 자녀들에게 먹이기란 쉬운 일이 아니다. 그 순간 부모는 변형의 창의력을 발휘하여 아이가 먹지 않는 채소를 믹서에 잘게 갈아 볶음밥이나 계란말이, 전 등의 요리를 할 때 슬쩍 넣기도 한다. 채소를 채소 같지 않게 다른 형태로 변형하여 자녀에게 먹이기 위한 노력을 한 것이다. 이런 부모의 시도를 진실성이 빠진 꼼수나 소통 스킬이라고 깎아내리지 않기를 바란다. 핵심은, 트라우마와 좋지 않은 추억으로 발생하는 가치관 차이를 극복하기 위한 첫 번째 방법은 변형의 지혜를 통해 상대와 소통하는 노력을 해야 한다는 것이다.

두 번째 소통법은 '작전상 후퇴하여 상대가 당신을 찾을 때까지 잠시 멈추고, 일 처리가 좀 더 쉬운 것부터 하라.'는 것이다. 학창시절 수학시험 시간에 당신은 어떤 순서로 문제를 풀었는가 생각해 보라. 어려운 문제를 풀고 쉬운 문제를 풀었는가? 아니면 그와 반대의 순서로 대처했는가? 나는 어려운 문제에 직면하면 일단 보류하고 쉬운 문제부터 풀기 시작했다. 만약 인내심을 가지고 어려운 문제를 끝까지 해결하기 위해 시간을 허비했다면 많은 문제를 남겨둔 채로 시험 종료 벨이 울렸을 것이다. 또 다른 예로 진상 고객으로부터 입에 담지 못할 욕설로 마음의 상처가 큰 직원에게 즉시 그 고객과 만나게 하는 것은 좋지 않다. 당신이 리더라면 다른 직원을 보내거나, 그 고객의 마음 상태가 안정된 후에 고객이 요청하면 그와 대화할 시간을 주는 것이 후배 직원은 물론 고객에게도 효과적일 것이다.

견해 차이 극복을 위한 올바른 소통 방법

입장이란, 대화 시 상호 간에 표면적으로 드러나는 유형적인 것으로, 이 차이는 서로가 직면하고 있는 견해, 관점, 상황, 지위 등에 의해 발생한다. 그렇다면 입장 차이를 극복하기 위한 효과적인 소통 방법은 어떤 것일까?

상대의 이해관계를 파악하라

일반적으로 사람들은 대화할 때, 자신의 견해 등 입장에 대해서는 치열하게 말하지만, 이해관계에 관해서는 제대로 말하지 않는 경우가 많다. 강의 중 이런 질문을 받은 적이 있다.

> "저는 영업팀 직원입니다. 생산팀 직원과 소통의 문제를 가지고 있는데, 사실 영업팀과 생산팀과의 갈등은 어느 회사나 조금씩은 존재한다고 생각합니다. 저희도 비슷한데요. 문제는 저희는 수시로 변하는 고객들의 요구사항에 맞게 생산팀에 요청하지만, 생산팀의 이런저런 사정으로 업무 진행이 잘 안 되고 있습니다. 하지만 전체적으로 회사의 이익을 봐서는 고객의 요구를 반영하는 것이 좋다고 생각하는데, 생산팀은 우리와 고객에게 협조적이지 않아 고민이 많습니다. 이럴 땐 생산팀과 어떻게 소통해야 할까요?"

만만치 않은 문제다. 당신이라면 어떻게 하겠는가? 이 고민은 조금 전에 언급한 입장 차이에 대한 사례이다. 입장 차이가 생기는 대표적 원인은 대화 당사자가 처한 상황과 처지라고 말했다. 그런 점에서 이 고민 제시자는 생산팀과 영업팀 간의 입장 차이에 의한 갈등과 어려움이 존재할 수 있다는 점을 분명히 인지하고 있기에 일단은 소통의 출발점은 긍정적이라 할 수 있다.

그다음 노력은 입장과 이해관계를 분리하여 이해관계에 초점을 맞추어야 한다. 제시한 사례에서 영업팀의 입장은 고객의 요구에 즉각적으로 대응해야 하며, 생산팀은 애초 계획에 근거하여 생산량을 맞추는 것이다. 그런데 만약 이러한 입장만을 양자가 고수한다면 합의가 어려울 뿐만 아니라 결론이 난 후에도 대화 과정에서 생긴 감정의 골은 쉽게 메우기가 어려울 것이다.

그렇다면 생산팀의 이해관계는 무엇일까? 이해관계는 입장을 갖게 된 무형의 심리적 동기이자 근본적 원인이다. 이런 정의로 볼 때, 생산팀 직원들의 생각은 본사나 영업팀 직원들의 일부가 자신들에게 마치 상하 관계 혹은 갑을 관계로 권위적인 지시와 요구를 하는 것 같은 느낌을 받을 수도 있다는 점이다. '본사나 영업팀이 고객의 요구사항을 말하면 생산팀은 무조건 군소리 없이 따르는 것이 당연하다.'라는 느낌에 불쾌할 수도 있다는 것이다. '지식의 저주'라는 단어를 기억할 것이다. 내가 처한 상황과 입장에서 취득한 정보와 지식이 상대의 상황과 입장을 고려하지 않고 사용되면 오히려 소통을 불통으로 만드는 지식의 저주로 사용될 수도 있다. 영업팀 직원들은 생산팀 직원들의 애로 사항에 관해 관심을 기울이는 언급이 우선이 아닐까? 생산팀 직원들은 본사의 갑작스러운 변경 요구사항에 야근을 해야 하고, 작업스케줄을 조정하고, 때로는 휴가 등의 개인 일정을 포기하거나 수정해야 할 수도 있다. 이 애로 사항에 대해 충분히 이해하고 공감하며 또 미안함을 전해야 한다. 그러나 반대로 만약 당신이 생산팀 직원이라면 역시 영업팀 직원의 이해관계를 파악하기 위해 노력하고 이해관계에 초점을 맞추어 대화해야 한다.

고객들을 직접 대면하는 영업팀 직원들의 애로 사항도 상당하기 때문이다. 때로는 고객의 '갑질'도 견뎌야 하고, 실적에 대한 압박도 이겨내야 하는 등 생산팀 직원이 겪지 않은 또 다른 고충도 있다. 문제는 당신이 영업팀 직원이든 생산팀 직원이든, 상대방이 바뀌기를 기다리기 전에 내가 먼저 상대와 튜닝을 시도해야 한다는 것이다. 그 튜닝의 좋은 방법 중 하나가 입장보다는 상대방의 이해관계에 대해 끊임없이 관심을 가지고 소통하는 것이다. 상대방의 이해관계를 파악하는 방법은 ALL(Ask : 상대방의 상황에 대해 질문을 하고, Look : 대화 중 상대방을 주의 깊게 응시하면서, Listen : 상대방의 말을 경청한다)을 통한 세 가지 방법이 가장 효과적이다.

대안을 찾아라

신혼 초의 일이다. 아내와 나는, 선풍기와 관련한 사소한 다툼을 했었다. 아내는 더위에, 나는 추위에 약한지라 특히 여름이 되면 선풍기 때문에 서로 곤란을 겪었다. 아내는 잘 때 선풍기 없이는 잠을 이루지 못했고, 나는 선풍기 바람을 좋아하지 않았기에 숙면에 엄청난 어려움이 있었다. 체질과 관련한 차이를 선풍기를 켜거나 끄는 한쪽의 일방적인 양보로만 해결하기에는 어려움이 있었다. 그렇다고 누군가 거실로 나갈 수도 없는 상황이었다. 단지 서로의 불편함에 대해서 이해하고 공감하는 마음만으로 근원적 해결책이 될 수도 없었다. 우리 부부가 그 당시 절충한 대안은 무엇이었을까?

우리는 서로 머리와 발이 반대 방향이 되도록 잠을 청했다. 선풍기 바람이 얼굴에 직접 닿는 것을 싫어했던 내가 제시한 대안이었고, 아내 역시 가장 약한 세기로 타이머를 통한 회전을 하는 대안을 내놓으니 내게는 참을 만한 수준의 선풍기 바람이었다. 그 이후는 어떻게 되었을까? 식성이나 체질은 세월에 따라 변한다고 했던가? 지금의 나 또한 더위가 추위보다 더 참기 어려운 상황이 되어서 삼복 더위에 아내와 함께 에어컨 혹은 회전시킨 선풍기 바람을 맞으며 숙면을 취하게 되었다. 그러나 단순히 세월의 흐름만으로 체질이 변했다고는 생각하지 않는다. 신혼 초, 서로 이해하면서 양보와 타협을 통한 대안을 찾고자 노력했던 소통 과정이 다소 우스꽝스러운 장면을 연출하기도 했지만, 우리 부부의 차이를 좁힐 수 있었던 대안이었다고 생각한다.

필자가 리더십 강의 현장에서 “리더의 최근 고민이 뭡니까?”라는 질문을 하면, 최근 단골로 등장하는 의외의 답변이 있다. 직원 식당이 없거나, 있더라도 가끔 외부 식당을 이용하는 경우 법인카드 사용이 축소되고 있는 상황에서 식사나 회식비를 어떻게 또 누가 낼 것인지에 대한 고민이었다. 요즘 대세인 더치페이(Dutch Pay) 방식이 간단하겠지만, 40~50대 리더(특히 남성)들에겐 아직도 한국인의 고유한 정서와는 왠지 어울리지 않기에 다른 사람들이 식사비를 빨리 내지 않으면, “내가 먼저 계산한다.” 아니면 “식사비 부담 때문에 모임 참석을 주저하거나 아예 나가지 않기도 한다.”라고 말하는 사람도 있다.

어쨌거나 나는 한국인에게 특히 강한 ‘체면문화’나 ‘장유유서 문화’ 때문에 연장자이고 고 직급자이기 때문에 마음이 동하지 않아도 단체 식사비를 모두 내야 하는 분위기에는 동의하지 않는다. 누군가는 정이 없고 삭막함마저 느껴진다고 반박할지도 모르지만, 각자가 먹은 만큼 떳떳하게 식사비를 내는 것이 어쩌면 이 시대에 맞는 새로운 문화가 되기를 기대해 본다. 그렇다고 식사 이후에 정확하게 식사비를 나누는 분위기가 아직 익숙하지 않다면 누군가가 식사를 대접할 좋은 일이 있을 때 기쁘게 식사비를 내고, 대접 받은 사람은 감사의 마음을 상대에게 표현하면 된다. 그리고 대접 받은 사람은 다음번 기회에 상대에게 식사를 기쁘게 제공하면 되는 것이다.

물론 늘 타인에게 얻어먹기만 하고 커피나 식사비를 내지 않는 얌체족들이 당신 주위에 있다면, 식사비 부담의 순번을 마련하여 "다음번 차례는 당신이야."라는 말을 해주는 것도 좋은 방법이란 생각이 든다. 이런 방법이 식사나 티타임마다 일종의 N분의 1로 처리하는 더치페이의 삭막함도 피할 수 있고, 얌체족에 대한 경고 메시지와 함께 결과적으로는 더치페이지만 순번에 따른 식사비 부담으로 기분도 낼 수 있는 대안이 아닌가 생각된다. 중요한 것은 입장 차이 극복을 위한 소통의 수단으로 대안을 찾기 위한 노력을 해보자는 것이다. 이 대안 찾기 과정이 소통을 통한 튜닝의 달인이 되기 위한 또 하나의 방법이 되기 때문이다.

실천 과제

[6.1.1]

당신의 팀 구성원들은 신규 프로젝트 수행과 관련하여 업무 분장에 따른 갈등 상황에 직면해 있다. 서로가 업무분담의 양과 난이도 등에 따른 시각차가 있는 듯하고 고참과 후배 사원들 간의 입장 차도 분명한 듯 보인다. 당신은 리더로서 어떻게 할 것인가?(당신의 팀에서 발생한 구체적인 사례를 생각해보고 대처법을 생각해 보자.)

02

이해관계자를 매료시키는 3초의 생각

—————— 3초 삼겹살을 먹어 본 적이 있는가? 어느 찜질방에 가면 뜨거운 불가마에 3초간 삼겹살을 초벌구이해서 손님상에 내놓는다. 3초 안에 삼겹살 초벌구이가 가능할까? 그러나 '3초'는 초벌구이 된 삼겹살을 손님들이 더 빠르고 더 맛있게 먹을 수 있는 준비 과정으로서 제격인 시간이라고 한다. 3초 초벌구이 삼겹살이 고객의 마음을 매료시켰듯이, 당신이 일과 중 3초를 어떻게 활용하는가에 따라서 상대의 마음을 매료시킬 수 있는 준비 시간이 될 수 있음을 명심하라.

승진에 누락된 동성의 후배에게 특별한 말을 건네지 않고, 단 3초간만 그의 어깨를 감싸보라. 실수한 직원이 당신 앞에서 울상을 짓고 있을 때, 3초간만 말없이 미소를 지어보라. 신세대 직원의 댄디한 헤어스타일이 마음에 들지 않더라도 3초만 아무 말 하지 말고 창밖을 보라. 집안에 어려움을 당한 직원의 소식을 들었을 때, 그를 위해 눈을 감고 3초간만 기도해 보라. 회식 종료 후 버스에 오른 후배와 눈을 맞추고, 정류장에서 3초간만

웃으며 손을 흔들어보라. 그 이후의 결과에 대해서는 당신이 경험해 보기를 바란다.

같은 맥락으로 다양한 이해관계자들과 소통하기 전에 3초를 효율적으로만 활용할 수 있다면 당신은 튜닝을 통해 그들의 마음을 움직이거나 매료시킬 수 있다. 왜냐하면, 이 3초를 통해 소통이 필요할 때와 그 반대의 경우를 생각할 수 있고, 리더로서 이해관계자에게 먼저 말해야 할 순위도 파악할 수 있으며, 또 어떤 것들은 소통의 대상에서 제외하거나 시간이 경과한 후에 말할 수도 있기 때문이다. 3초의 멈춤과 생각을 통해, 다음의 세 가지 소통의 기준 혹은 우선순위를 확인해 보자.

영향력의 범주에서부터 소통하라

리더로서, 소통의 1순위를 무엇으로 정하는 것이 올바른 판단일까? 리더십 정의에 그 해답이 있다. 리더십은 한마디로 이해관계자들에게 발휘되는 긍정적 영향력이라고 했다. 즉, 소통의 제1순위는 영향력과 관련이 있어야 한다. 영향력이란 리더인 당신의 힘(power)이나 통제(control)가 가능한 범위이다. 예컨대, 당신이 팔로워(후배/부하)에게 지시하는 업무 마감 일자, 팀 운영 방향, 팔로워의 개인별 업무 분장 등은 당신의 통제가 가능한 범주의 것들이다. 이러한 영향력의 범주에 속한 이슈에 대해서는 당신에게 부여된 지위를 통해 얼마든지 말할 수 있다. 물론 소통 방법과 태도는 당신의 소통 스킬에 따라 달라질 수 있다.

그렇다면, 영향력의 범주와 반대되는 것은 무엇일까? 그것은 관심의 범주에 속하는 이슈들이다. 즉, 당신의 통제가 불가능하거나 어렵지만 당신이 상대에 대해 이렇게 해 주었으면 좋겠다고 생각하는 것들(예컨대 상대의 성향이나 생각, 업무 스타일 등)이다.

그러므로 관심의 범주보다는 영향력의 범주에 포함된 것들에 대해 리더 자신의 소통 스타일과 방법, 태도를 조율해 가며 그들과 소통하는 것이 제1순위가 되었으면 한다. 그리고 관심의 범주에 포함된 이슈들은 영향력의 범주에서 우선적으로 시도한 후, 시간의 여유가 생기면 소통을 시도하는 편이 효율적이다. 당신은 [3초 생각 이후] 우선 영향력의 범주에서 소통을 시도하고, 시간의 여유가 생기면 관심의 범주에서 소통하라.

개인의 취향과 관련한 소통

다음과 같은 상황을 생각해 보자. 당신은 출근길에 분홍색 넥타이를 매고 출근하는 후배를 엘리베이터 안에서 만났다. 후배의 정장과 넥타이의 컬러를 보니 약간 튀는 것 같아 내심 '그 정장 색과 자네 피부톤을 고려하면 분홍색 타이보다는 네이비 색이 더 어울리는데.'라고 말해주고 싶다. 당신이라면 어떻게 하겠는가?

다양한 의견이 있겠지만 리더십과 원만한 대인관계를 위해서 그냥 넘어가는 편이 훨씬 효율적이고 효과적이다. 왜냐하면, 불과 10여 년 전만 하더라도 기업의 복장 규정은 엄격했다. 남성 사무직 직원들은 대부분 정장에 넥타이를 착용해야 했고, 여름철에도 긴팔 와이셔츠를 입어야 했으며, 심지어 양말과 구두에도 엄격한 제한이 있었다. 물론 지금도 고객을 대하는 서비스 직원들에게는 유니폼을 비롯한 복장 규정이 엄격한 곳이 있다.

그러나 지금은 일부 직군을 제외하고 복장 규정은 매우 관대해졌다. 비즈니스 캐주얼은 물론이고, 어떤 기업은 남성 사무직 직원이 여름철에 반바지를 입고 근무하기도 한다. 덕분에 강사인 나도 기업 강의 현장에서 넥타이를 풀고 수업한 지도 벌써 5년여가 되었고, 여름철에는 시원한 반팔 셔츠에 면바지를 입고 강의한 적도 여러 번 있다.

그러므로 회사 복장에 대한 엄격한 기준이나 제한이 없다면, 또 그 후배가 고객을 직접 대면하는 직원이 아니라면 후배 복장에 대해서 굳이 자신의 의견을 피력할 필요가 없다는 것이다. 출근하는 후배의 넥타이가 선배의 패션 감각으로 봤을 때 마음에 들지 않을 수도 있으나 제도와 규칙에 지장이 없는 사안이라면, 리더 본인이 원하는 바를 달성하기 위해 설득을 하거나 소통을 시도할 이유가 없다는 것이다. 상대의 취미가 어떤 것인지, 직원의 평상시 출퇴근 복장과 또 취향이 어떠하든지 간에 이 모두 사소한 것이라는 말이다. 당신은 [3초 생각 이후] 법, 제도, 규칙 등에 지장이 없는 개인의 취향, 취미 등의 사안이라면 굳이 소통을 시도하지 않는 편이 좋다.

그러나 때로는 다음의 3단계로 소통이 필요할 때도 있을 것이다.

1단계 : 아량과 관용을 베풀어라.
2단계 : 상대가 요청하면 당신의 의견을 말해주어라.
3단계 : 상대가 요청하지 않을지라도, 그와 친분이 좋다는 확신이 든다면 당신의 의견을 말하는 것도 고려해보라.

상대가 내 말을 제대로 들을 수 없는 상황에서의 소통법

동료 김 대리의 실수로 전기 플러그가 갑작스럽게 빠지는 바람에, 박 대리는 2시간가량 작업한 PC 내용을 순식간에 날려버렸다. 김 대리, 박 대리 모두 표정이 말이 아니다. 이 상황을 지켜보던 팀장인 당신이라면 어떻게 하겠는가? 마음 같아서는 박 대리에게는 '중간중간 PC에 저장했으면, 이런 일이 안 생겼을 거잖아!'라고 차분히 말해 주고 싶고, PC선을 발로 차서 뽑아 버린 김 대리에게는 '일부러 그런 건 아니지만, 덤벙거리지 말고 평상시 주의를 기울이고 다녔으면 해!'라고 조언하고 싶다.

그러나 이 사례에 등장하는 김 대리와 박 대리의 마음이 어떤 상태일까를 생각하는 것이 우선되기를 바란다. 박 대리는 쉬지도 못하고 작업한 내용이 단번에 지워졌으니, 정말 당혹스럽고 화가 날 수 있는 상황이다. 반면에 김 대리는 너무도 미안한 생각에 어쩔 줄 모르고 동료인 박 대리에게 "미안해, 어쩌면 좋아?"라는 말만 되풀이할 것이다. 과연 이런 사람들에게 팀장인 당신이 진정성 있고 이성적인 말을 한다고 한들 그들이 제대로 수용하겠는가? 그러므로 소통의 또 다른 기준을 다음과 같이 권하고자 한다. 당신은 [3초 생각 이후] 당신의 말이 상대에게 제대로 통할 수 있는 상황인가를 판단하고 소통하라.

그렇다면, 이런 상황에 처한 사람들과 어떻게 소통을 하는 것이 효과적일까? 그 방법으로 다음의 세 단계를 소개하기로 하겠다.

첫째, 상대가 나쁜 감정을 충분히 비울 만큼의 시간을 부여해야 한다.

둘째, 상대의 언행에 이의를 제기해서는 안 된다(컴플레인 고객과 장시간 전화 통화로 진이 빠진 후배에게 "김 대리, 컴플레인 고객과의 전화는 논리적으로 말하는 것보다 일단은 상대의 말을 끝까지 듣는 게 상책이야!"라고 말하는 것은 적절한 리더의 표현이 아니다).

셋째, 상대의 감정이 비워진 것을 확인하고, 시간이 지난 후에 자신이 하고 싶은 말을 자신의 경험담을 통해 조심스럽게 말한다("나도 과거에 비슷한 경험을 한 적이 있어서, 덕분에 컴퓨터 작업을 할 때마다 바로바로 저장하는 습관을 갖게 됐거든.", "나도 과거에 비슷한 경험이 있었는데…, 일단은 고객의 말에 공감해주고, 고객이 지칠 때까지 말하게 하니 제풀에 꺾이더라."). 이렇게 하는 것이 감정이 폭발 직전이거나 우울한 사람과 튜닝하기 위한 더 좋은 방법이 아닐까?

다시 한 번 기억하라. 당신의 이해관계자를 안심시키고, 또 그들의 마음을 얻고, 더 나아가 그들을 매료시키기 위하여 3초간 멈춤의 시간을 갖고, 어떤 기준으로 그들과 소통하는 것이 진정한 튜닝인가를 파악해야 한다.

03

가는 귀도 울고 갈 듣기 마스터로 거듭나기

1986년 1월 28일 미국 우주왕복선 챌린저호가 이륙 후 불과 73초 만에 폭발한 참사를 기억하는가? 7명의 승무원과 함께 상공에서 폭파된 그 당시 영상은 생중계를 통해 시청한 많은 사람에게 큰 충격을 주었다. 사고 원인은 사건 발생 이후 우주선 부품 중 하나인 오링의 결함으로 밝혀지게 되었다. 하지만 이 오링의 결함에 대해서 한 엔지니어가 발사 전부터 미리 경고했음에도 불구하고, 이 경고를 대수롭지 않게 생각하고 발사를 강행한 제조사와 관료들의 책임으로 밝혀지면서 큰 문제가 되었다. 충분히 예방할 수 있었던 인재였기에 더 큰 충격을 준 것이다. 만약 제조사나 관료들이 엔지니어의 경고를 제대로 듣고 발사를 미룬 후, 기술적 조치를 했더라면 이 같은 대형 사고는 미리 방지할 수 있었을 것이다. 물론 역사에 '만약'이란 단어는 존재하지 않지만, 엔지니어의 말을 제대로 듣지 않고 대수롭지 않게 흘려버린 결과치곤 너무나 참혹한 끝을 보게 된 것이다.

혹시 당신은 후배 직원이 미리 알려 준 고객과의 미팅 시간을 제대로 듣지 않아 큰 거래를 실패해 본 경험이 있는가? 혹시 휴대폰이 없던 시절에 연인과의 데이트 장소를 제대로 듣지 않고 엉뚱한 장소에서 하염없이 기다리다가 이별할 뻔했던 경험은 없는가? 입사원서 마감 일자를 잘 못 듣고 취업 기회를 놓친 경험은 없는가? 만약 이런 경험을 한 적이 있다면 당신은 챌린저호 폭파 사고와 관련된 책임자는 아닐지라도 최소한 듣기 고수와는 무관한 리더일 것이다. 조선 시대 예조와 이조판서를 지낸 허조는 "세종의 은총을 만나 간하면 행하시고 말하면 들어주셨으니 죽어도 여한이 없다."라고 늘 세종대왕에게 감사했다고 한다. 1430년 조세제도 개혁을 위해서 17년에 걸쳐 전국 17만 2,860명의 여론을 들었다는 역사에 놀라지 않을 수 없다. 비록 580년 전의 역사이지만, 세종대왕의 듣기 능력을 다시 소환하여 현재의 우리가 본보기로 삼고 노력해야 할 것이다.

소통의 고수가 되는 비결로는 말하는 능력보다 상대의 말을 듣는 것이 우선되어야 함은 당연하지만, 현실은 녹록하지 않다. 하지만 상대가 하는 말을 잘 들을 수만 있다면 상대의 의중과 핵심 사안에 대한 정보를 정확하게 파악하게 되며, 리더가 효과적인 제안과 현명한 의사결정을 하는 데도 도움이 될 것이다. 무엇보다 듣기 능력은 상대의 마음을 얻고 그들을 내 편으로 만들 수 있는 지름길이며 튜닝 리더십을 발휘하기 위한 핵심수단이 될 수 있다.

소통의 수단인 듣기, 말하기, 읽기, 쓰기와 관련한 습득 순서, 사용 빈도, 학습 정도에 대해 생각해 보기를 바란다. 당신은 아마도 듣기, 말하기, 읽기, 쓰기의 순서로 언어 능력을 습득했을 것이다. 그런데 언제부터인가 소통의 사용 빈도는 말하기, 듣기, 읽기, 쓰기 순(즉, 말하기와 듣기의 순서가 바뀜)으로 변경되고, 학습량은 듣기가 다른 소통의 도구에 비해 상대적으로 가장 뒤처져 있지는 않은가? 소통과 튜닝의 고수가 되기 위해 다시 과거의 무의식적인 습관으로 돌아갈 때가 온 것이다. 그 무의식적 습관은 말하는 것보다 듣기에 집중하는 것이다. 그런데 아쉽게도 듣기와 관련된 세 가지 오해가 당신을 과거의 좋은 습관으로 회귀시키는데 어려움을 주고 있다.

듣기 관련 세 가지 오해

대화의 주도권은 말하는 사람이 쥐고 있다?

회의에서 다음 달 매출 목표에 대해 강조하는 최 부장이나 가전제품을 판매하기 위해 열정적으로 상품의 특장점을 전달하는 쇼핑호스트 혹은 강단에서 열강을 하는 교수를 생각해 보라. 그들은 부하들, 고객들 그리고 학생들의 마음을 움직이기 위해 내용 구성과 전달에 이르기까지 매우 체계적인 스피치를 한다. 그러나 청중이 점심 메뉴를 생각하거나 텔레비전 채널을 돌리거나, SNS 활동을 하느라 그들의 말을 듣는 자체를 중단하거나, 제대로 듣지 않는다면 그들의 수고는 수포로 돌아가게 된다. 이렇듯 대화의 주도권은 말하는 사람이 아니라 듣는 사람(청자)이 쥐고 있음에도, 오히려 많은 사람이 듣기보다 말하기에 더 집착하는 것 같다. 물론, 필자의 노력과 경험의 산물인 이 책도 당신이 덮어버린다면 무용지물이 될 것이다.

내가 마음만 먹으면 상대의 말을 잘 들을 수 있다?

'가는 귀가 먹었다.'라는 말이 있다. 의학적으로 일종의 난청일 수 있다. 고령화로 인해 보청기가 필요한 노인들에게나 해당하는 인체의 노화현상일 수 있으나 요즈음은 나이에 상관없이 청소년부터 청장년에 이르기까지 소음성 난청인 사람들도 매우 많다. 간혹 지하철 등의 대중교통을 이용하게 되면 많은 사람이 고개를 숙이고(저두족) 이어폰을 귀에 꽂은 채로 음악을 감상하거나 영상을 시청한다.

전문가들의 견해에 의하면 이어폰을 통한 스마트폰 음악 감상이나 소음에 대한 장기간 노출이 소음성 난청의 주범이라고 하며, 10대 청소년의 소음성 난청 비율이 연 7%씩 증가하고 있다는 건강 칼럼을 본 적도 있다. 문제는 이 소음성 난청을 가진 사람이 이어폰을 뺀 평상시에도 본인이 상대의 말에 집중하여 잘 듣는데에 어려움이 생긴다는 점이다. 이런 일이 반복되면 대인관계와 리더십 발휘에도 악영향을 미치는 것은 당연하다. 소음성 난청으로 청각이 손상되어 잘 듣고 싶어도 듣기 어려운 상황에 직면하는 것도 문제이지만, 더 큰 문제는 소음성 난청이 아님에도 불구하고 상대의 말을 제대로 듣지 못하는 것이다.

"말귀를 못 알아듣는다." 누군가의 말을 열심히 들었지만, 상대로부터 돌아오는 말은 "정신줄 놓았네.", "이 정도 말하면 척척 알아들어야지." 등의 비난을 받을 때가 있다. '나름 마음먹고 열심히 들었는데, 이런 말을 듣다니.'라는 아쉬움이 쌓여도 상대의 평가는 변함이 없다. 자신의 의도와 다르게 왜 이런 일이 생겼을까? 당신은 자신이 속한 직장이나 모임의 야유회 단체 사진을 볼 때 누구의 얼굴을 가장 먼저 보는가? 당신의 상사, 평소에 연정을 품었던 사람, 마음에 안 드는 사람인가? 대부분 아닐 것이다.

자신의 얼굴을 먼저 확인하고 얼굴이 마음에 들지 않으면 사진 구입을 하지 않음은 물론 단체 사진이 사라졌으면 하는 생각까지도 들게 된다. 사람들은 매우 '자기중심적'이기 때문이다. '선택적 지각 이론'이 여기에서도 적용된 것이다. 사람들은 자기가 보고 싶은 것만 보는 경향이 강하듯이, 자신이 듣고 싶은 것만 자기중심적으로 듣고자 하기 때문이다.

가는 귀가 먹었든지, 아니면 말귀를 못 알아듣건 간에 혹은 직급과 무관하게 현대인에게 찾아온 듣기 노화 현상으로 인해 '마음만 먹으면 상대의 말을 잘 들을 수 있다.'라는 것은 오해일 수 있다.

내가 말을 시작하면 상대방은 바로 듣기 시작한다?

이 말 역시 듣기와 관련된 대표적 오해이다. 필자가 강의 현장에서 휴식 시간 이후에 수업을 진행하고자 하면 아직 수업 준비가 덜 된 사람들이 있다. 휴대폰을 만지작거리는 사람, 옆 사람과 잡담 중인 사람, 책을 보는 사람, 딴청 피우는 사람 등 각양각색의 모습을 하고 있다. 그러므로 내가 말을 시작하면 상대방이 바로 듣기 시작한다는 것 또한 오해일 수 있다.

그렇지만, 이 세 가지 오해가 듣기 습관으로 회귀하는데 어려움을 주고, 이 오해들이 많은 사람에게 공통으로 나타나는 현상이라 할지라도, 당신과 나는 이미 소통을 통한 튜닝 리더십 전문가가 되기를 선택했다는 것이 훨씬 더 중요하다. 이 선택은 우리를 말하기보다 듣는 능력에 초점을 맞추는 것을 통해 듣기 능력을 회복하고 향상시키는 전환점이 될 것이 분명하기 때문이다. 지금부터 듣기 고수가 되기 위한 3단계를 밟아보자

STEP 1 : 나의 듣기 수준 점검

장면) 팀 회의 종료 시, 회식 장소를 놓고 팀장과 팀원들의 이야기다.

팀장 : 이번 달 신상품 판촉 관련 아이디어를 내느라 모두들 수고했으니, 다음 주 목요일은 일찍 마무리하고 간만에 회식이나 합시다. 회식 장소는 어디가 좋을까? 허심탄회하게 의견들 개진해 봐요?

팀원들 : …. (눈치를 보며, 특별한 아이디어가 없는 분위기가 이어짐)

팀장 : (계속 답변을 요구하지만, 대답이 없자 신입사원 김태희 씨에게 묻는다.) 태희 씨! 신선한 아이디어 없어?

김태희 사원 : 미슐랭 맛집으로 선정된 분당 쪽 스파게티 어떠세요? 블로거들 사이에 인기 짱이에요.

팀원들 : 우리가 이팔청춘인가? 스파게티 먹으러 분당까지 가게….

팀장 : 그럼 또 다른 사람 의견 없나요? 정나미 대리는 어때?

정나미 대리 : 발상의 전환으로 워크숍 비용과 회식비를 아껴서 어린이집에 후원과 봉사를 하고, 우리는 간단히 짜장면이나 한 그릇 먹으면 어떨까요?

나대영 과장 : 에이! 정대리 너무 튀는 것 아니야? 봉사활동은 사회공헌팀에서 알아서 하겠지.

팀장 : (무시하고) 이민철 대리는 의견 없나?

이민철 대리 : (주저하며 작은 소리로) 네, 청계산 쪽 유명한 화덕피자….

정나미 대리 : (말이 끝나기도 전에) 스파게티나 피자나! 뭐 도긴개긴 아닌가?

김태희 사원 : 정 대리님! 미슐렝 맛집 스파게티와 피자는 차원이 다르죠.

팀장 : 자, 자, 됐어요. 잘 들었어요. 뭐 그리 특별한 의견이 없는 것 같으니, 사무실 근처 돼지갈비집에서 소주나 한잔 합시다.

나대영 과장 : 네, 팀장님! 좋은 의견이십니다. 제가 장소 예약하고 퇴근 전까지 보고 드리겠습니다.

팀원들 : …. (썰렁한 분위기에 적막감만 흐른다.)

당신은 위의 장면에 등장하는 인물 중 어떤 캐릭터일까? 신입사원 김태희 씨부터 팀장까지 모든 캐릭터가 당신이 과거에 경험한 자화상이거나 현재 혹은 앞으로 타인에게 보여질 수 있는 실제의 타화상일 수 있다. 이들은 경력, 직급, 성별 등이 다르지만 공통적으로 듣기 고수와는 동떨어진 캐릭터들이라는 것이다. 만일 당신이 위 장면의 캐릭터들과 상반된 듣기 고수라고 생각된다면 다음의 진단을 통해 객관적으로 확인해 보기 바란다.

[듣기 능력 진단]

항상 그렇다(always)	5점
자주 그렇다(usually)	4점
종종 그렇다(sometimes)	3점
거의 아니다(infrequently)	2점
전혀 그렇지 않다(never)	1점

1. 나는 상대방의 요구나 욕구를 생각하여 듣는다. ( )
2. 나는 상대가 사용한 말의 뜻과 나의 생각이 다르게 이해될 수 있다고 믿는다. ( )
3. 나는 상대의 말을 들을 때 공통의 관심사를 찾으려고 노력한다. ( )
4. 나는 상대의 말에 동의할 수 없을지라도 일단은 끼어들지 않고 듣는다. ( )
5. 나는 상대가 자신의 문제를 털어놓을 때 그 사람의 말에 바로 몰입한다. ( )
6. 나는 상대의 말을 끝까지 듣고 판단을 내리거나 의견을 낸다. ( )
7. 나는 긍정적인 태도로 대화에 참여한다. ( )
8. 나는 상대 의견이 내 생각이나 제안과 달라도 정확하게 기억한다. ( )
9. 나는 상대의 제스처, 눈빛, 표정 등을 살피며 대화한다. ( )
10. 나는 이해하기 어려운 내용은 질문을 통해 확인한다. ( )
11. 나는 상대의 말이 사실에 의한 것인지, 감정에 의한 것인지를 파악하며 듣는다. ( )
12. 나는 상황에 맞게 나의 반응을 조율한다. ( )

13. 나는 대화 시, 상대방의 감정 변화에 민감하다. (   )
14. 나는 사실과 의견(혹은 아이디어)을 구분하며 상대의 말을 듣는다. (   )
15. 나는 상대가 말할 때, 휴대폰을 보거나 딴청을 피우지 않는다. (   )
16. 나는 상대가 말할 때, 고개를 끄덕이거나 눈빛으로 흥미를 표현한다. (   )
17. 나는 상대와 대화 시, 중요하다고 생각되는 것은 메모한다. (   )
18. 나는 상대가 말할 때, 상대를 응시한다. (   )
19. 나는 상대 말을 들으면, 상대가 기분이 좋은지 않은지 바로 알아차린다. (   )
20. 나는 대화 시, 주변 소음, 타인과의 대화, 전화 등 산만한 상황을 잘 극복한다. (   )

합계 점수 : (   ) 점

합계 점수	듣기 수준
80점 이상	듣기 고수(1급)
70점부터 79점	듣기 2급
60점부터 69점	듣기 3급
41점부터 59점	듣기 4급(엘로우 카드)
40점 이하	듣기 문제아(레드 카드)

진단 결과, 과연 당신의 듣기 수준은 어떻게 판명되었는가? 우리는 매일 대화하면서 누군가의 말을 듣는다. 그러나 태권도에 급수가 있는 것처럼 듣기에도 급수(수준)가 있다. 자신을 보다 높게 평가하는 관대화 경향과 무관하게 실제 당신의 듣기 수준이 최소한 2등급 이상이기를 바란다. 왜냐하면, 당연한 말이지만 듣기 2등급이 1급(고수)으로 올라가는 데 용이함은 물론, 그래야만 당신이 튜닝 리더십 발휘의 고수라고 자신 있게 말할 수 있

기 때문이다. 만약 당신의 듣기 수준이 4급(경고카드) 또는 5급(레드카드)이라면 듣기 능력에 대한 심각한 반성과 함께 20개의 진단문항을 항상 기억하면서, 듣기 능력을 향상시키기 위한 각고의 노력을 하기 바란다. 듣기 수준이 4, 5급에 머물러 있으면서도, 듣기 능력 향상을 위한 노력이 없다면 당신이 막장 리더와 이별하기란 불가능할 것이다.

STEP 2 : 리액션에도 원칙이 있다.

당신은 TV 예능 등에서 활용하는 '가짜 웃음'에 대해서 들은 적이 있을 것이다. '가짜 웃음'은 TV 예능 제작자들이 사회과학자나 심리학자들이 주장하는 사회적 증거의 법칙('위조된 웃음일지라도 웃음소리가 많으면, 시청자들도 그 웃음을 그대로 따라 할 것이다.'라고 생각함)을 활용하여 코미디나 예능프로그램에 위조된 웃음을 가미시키는 방법이다. 나는 학자들의 노고로 법칙화된 가짜 웃음 효과 자체에 대해서 반론을 제기할 의도는 전혀 없다.

다만, 가끔 어떤 예능 프로그램에서는 프로그램 중간에 삽입되는 가짜 웃음 혹은 억지 웃음 남발로 오히려 시청자들의 반감을 갖게 되는 경우가 있음을 말하고 싶다. 마치 과거의 금권선거 시절 정치인들의 유세 현장에 동원된 수많은 청중의 부자연스럽고 억지스러운 리액션을 보는 것 같을 때도 있다. 이처럼 작위적인 리액션은 오히려 듣기 고수가 되는 것을 방해할 수 있다. 그렇다면, 듣기 고수가 되기 위해 리액션은 어떻게 하면 좋을까?

당신이 사랑하는 연인과 연애할 때를 기억해 보라. 분위기 좋은 레스토랑에서 연인은 스테이크를 주문한다. 당신 역시 동일한 메뉴를 시킨다. 식사 중 연인이 환한 미소를 띠고 천천히 말하면, 당신도 유사한 표정과 속도로 보조를 맞추어 준다. 연인이 대화 중 볼에 손을 대고 말하면 당신도 살짝 볼에 손을 대고 듣기 시작한다. 그리고 연인이 후식으로 커피를 주문하면, 당신도 커피를 주문한다.

연인이 어린 시절의 소풍 관련 에피소드를 말하면, 당신은 추임새와 함께 당신이 경험한 소풍의 에피소드도 살짝 곁들여 준다. 물론 대화의 주도권은 연인이 쥐고 있는 것 같으나 당신은 잘 들으면서도 시간 가는 줄 모르게 데이트는 지속된다. 그리고 연인이 피곤했는지 하품을 하면 당신도 무의식적으로 하품을 하고 있다(마치 하품이 전염되듯이 말이다).

이 이야기 속의 당신과 연인의 공통점을 발견했는가? 그렇다. 당신은 연인이 하는 대부분의 언행을 마치 거울처럼 따라하고 있다. 이렇듯 상대가 하는 것을 거울처럼 동일하게 따라 하는 리액션을 심리학에서는 '거울효과(Mirroring Effect)'라고 한다. 중요한 것은 이 거울효과가 연인 사이에만 존재하는 것이 아니라, 기업과 조직의 상하 간 혹은 동료 간에도 얼마든지 긍정적으로 활용할 수 있다는 것이다.

당신은 상대가 이야기할 때 리액션을 통해 상대의 말에 공감하고 있다는 신호를 줄 수 있다. 그러나 조직에서 당신이 하는 리액션이나 연인과 데이트 현장에서의 리액션은, 앞서 언급한 가짜 웃음이나 금권선거 시절의 부자연스러운 리액션과는 전혀 다른 매우 자연스러운 것이어야 한다. 그렇게 된다면 조직 내에서 당신의 이해관계자들이나 데이트 상황 속에서의 연인은 당신을 공감과 듣기 고수로 생각하게 될 것이다. 즉, 듣기 고수로서의 당신의 리액션에는 3가지 원칙이 있기 때문이다.

1. Body language : 상대의 표정, 제스처 등을 맞춘다.
   (환한 미소에는 환한 미소로)
2. Mood : 기분 혹은 분위기를 맞춘다.
   (부드러운 목소리의 톤에는 부드러움으로)
3. Word : 대화의 주제나 말의 내용, 장단을 맞춘다.
   (공통의 주제나 에피소드로)

이 3가지 원칙을 'BMW'로 기억하면 쉽지 않을까? BMW의 핵심을 더 쉽게 이해하기 위해 영어의 'LIKE'를 생각하기 바란다. 필자는 영어 단어 중 'LIKE'를 가장 좋아한다. 첫 번째 이유는 그 뜻이 '좋아하다'이기 때문이고, 두 번째 이유는 또 다른 의미로 "~과 비슷한'으로 번역되기 때문이다.

사람들은 왠지 정치성향, 취미, 종교, 사는 곳, 혈액형 등 나와 비슷한 부류를 좋아한다. 대학 시절 단체미팅이나 소개팅 때, 마음에 드는 이성에게 호구조사를 통해 본인과 유사성을 찾기 위해 골몰했던 것과 같은 맥락이다. 즉, 듣기 고수로서 수준을 올리기 위한 두 번째 단계는 리액션 시, BMW를 통한 상대와의 동질성 전략을 시행하는 것이다.

듣기 고수로 거듭나기 위해서는 듣기 능력 진단을 통해 현재의 본인을 객관적으로 파악하고, 2단계인 BMW와 상대와의 동질성을 통한 제대로 된 리액션을 해야 한다. 결국 듣기 고수는 다른 말로, 단순히 Hearing하는 것이 아닌, Active Listening(적극적/공감적 경청)을 하는 사람이라고 할 수 있다.

실천 과제 [6.3.1]

듣기 고수가 되기 위하여, 당신은 상대의 말에 어떻게 반응하겠는가?

① 상사인 김 이사 : (흥분된 어조로) 요즈음 군대 너무한 것 아니야? 군인들이 일과 후에 휴대폰을 자유롭게 사용하니 말이야.

→ (부하인 당신) :

② 후배 박철수 : 과(팀)장님, 고객 불만도 너무 많고, 회사를 그만두어야 할 것 같아요.

→ (상사인 당신) :

③ 고객 : 이 제품 너무 비싼 것 아니에요?

→ (영업매니저인 당신) :

STEP 3 : 듣기 고수는 반대 의견에도 귀를 기울인다

조선 시대 세종대왕의 리더십과 관련하여 다음과 같은 글을 읽은 적이 있다. 과거 시험에서 한 응시자가 세종의 정치와 관련한 정책 등에 대해 맹렬한 비난을 했음에도 불구하고, 그가 시험에 합격해서 신하들 사이에 논란이 되었다. 그 당사자가 바로, 후에 단종의 복위를 꾀하다 목숨을 잃은 사육신 중의 한 명인 '하위지'였으며, 과거 시험의 책임자는 '황희' 정승이었다. 당시 대부분의 조정 신료들은 그의 시험 답안이 심각한 왕권 모독이였으니 합격자 하위지와 책임자인 황희를 모두 처벌해야 한다는 의견과 상소를 올리는 분위기였다. 그러나 세종은 의외로 "과거시험은 바른 말을 숨기지 않는 인재 등용이 목적이다. 만일 왕의 노여움으로 하위지를 벌주려고 하면 신하들이 적극적으로 인재를 보호해야 하는데, 오히려 하위지를 벌하자고 하니 이 어찌 안타까운 일이 아닌가? 향후 내게 직언할 신하를 막고, 과거를 관장하는 대신까지 벌하려고 하는 것은 선비 선발의 공명한 정신까지 모욕하는 것이며 통탄할 일이다."라고 신하들을 나무랐다고 한다.

절대왕정 시대에 임금의 정치에 신랄하지만 합리적인 비평을 하는 사람을 벌하지 않고, 오히려 왕이 듣기 불편한 말임에도 불구하고 신하의 직언을 경청하겠다고 말하는 세종대왕, 왠지 현재를 사는 리더들과는 달라도 너무 많이 다른 듯하다. 리더의 바람직하지 못한 생각이나 언행조차도 조직 구성원 모두가 찬성하는 것처럼 보이는 것은 리더의 경청능력을 저해함은 물론 튜닝과는 거리가 먼 것이다.

집단 사고(Group Thinking)

집단 사고의 의미를 알고 있는가? 집단 사고란 의사결정 과정에서 나타나는 조직 전체의 왜곡되고 비합리적인 사고방식으로, 조직 구성원들이 실제 자신의 생각과는 다르게 집단 응집력을 보이려는 리더의 듣기 능력과는 매우 동떨어진 부정적인 경향을 말한다. 조직 내에서 다음과 같은 징후가 있으면 집단 사고의 가능성이 농후하다.

① 만장일치의 착각 : 군중심리나 목소리 큰 사람의 주도 등으로 구성원 대다수가 리더의 의견에 찬성하는 것처럼 보일 수도 있다.

② 리더의 의견에 반대하는 구성원을 조직에서 퇴출시키려고 한다.

③ 구성원 대다수가 지나친 자기 검열을 통해 리더에게 바람직한 의견 제시를 하지 않고, 리더는 구성원의 올바른 직언을 들을 기회를 잃게 된다.

④ 리더는 합리화(내로남불 : 내가 하면 로맨스, 남이 하면 불륜 등의 사고)를 통해 잘못된 일을 정당화시키려는 노력을 한다.

⑤ 리더가 듣고 싶은 말만 하는 아첨꾼이 등장하고, 그 아첨꾼은 리더의 신임을 받아 직책을 얻는다.

⑥ 조직 내 '카더라 통신'과 구성원들의 '쑥덕공론' 그리고 리더에 대한 뒷담화가 난무한다. 애석한 것은 이러한 집단 사고의 징후가 나타난 조직에서, 리더는 그 징후 포착을 제대로 하지 못한다는 것이다. 또 상황을 알게 되어도 사안에 대한 중요성을 크게 인식하지 못해서, 서서히 분열되어가며 급기야는 조직 자체가 붕괴될 가능성이 높아진다.

그렇다면, 집단 사고에 대한 대책은 무엇일까? 당신의 조직에 집단 사고가 정착되지 않게 하려면, 리더인 당신은 최소한 두 가지의 선택을 실천해야 한다.

첫 번째, 조직의 Hardliner(강경파)에 대한 생각의 전환이 필요하다. 하드라이너는 일반적으로 조직의 분열주의자, 반동분자, 비토세력, 투덜이 등 낙인 프레임을 갖기가 쉽다. 그러나 하드라이너를 최소한 '우리 조직에서 바른 소리를 하는 사람이다.'라고 생각하는 인식의 전환은 꼭 필요할 것이다.

두 번째, 당신의 조직에 악마의 변호인 혹은 레드팀을 선정하여 리더의 정책 제안에 의도적이고 자유로운 반론과 문제 제기를 하게 하는 도전도 필요하다. 악마의 변호인 혹은 레드팀의 역할은 리더로 하여금 응집력이 강한 집단에 스며들기 쉬운 다수의 확증편향 등 취약점을 보완하고, 객관적이며 다양한 의견청취를 가능케 한다. 또한 조직이 살아 움직이고, 또한 리더의 혹시 모를 독단을 미연에 방지할 수도 있다. 그러므로 레드팀 도입은 당신이 튜닝 리더로서 도전해 볼 만한 가치 있는 일이라 생각된다.

물론, 반대를 위한 반대가 아닌 리더와 조직을 진정으로 사랑하는 충신과 같은 인물을 레드팀이나 악마의 변호인으로 선정해야 한다. 그러나 레드팀이나 악마의 변호인 역할을 맡은 구성원이 그 역할을 악용한다면 그는 간신에 버금가는 조직의 해악이 될 것이다. 당신이 듣기 고수가 되려면, 레드팀(충신)의 합리적이고 조직을 위한 반대의 직언도 반드시 경청해야 한다.

04

리더의 질문이 조직의 운명도 좌우한다

어제로부터 배우고, 오늘을 위해 사십시오. 가장 중요한 것은 질문을 멈추지 않는 것이다. (알버트 아인슈타인)

리더십의 문제는 질문 능력이나 질문할 의지가 없는 데서 나온다. 나보다 훨씬 똑똑하고 유능한 사람들이 실패하는 경우를 많이 목격했다. 그들은 다양한 분야의 많은 지식과 능숙한 언변을 지녔지만, 질문에는 능하지 않았다. 그들은 많은 것을 알고 있었지만, 자신이 관리하는 조직과 시스템에서 무슨 일이 일어나고 있는지에 대해 질문하는 것을 두려워하기도 한다. 무엇보다도 그들이 가장 멍청해 보이는 부분은 질문의 강력한 힘을 모른다는 것이다. (마이클 파커, 전 다우케미컬 CEO)

당신은 아인슈타인과 마이클 파커의 질문 관련 견해를 보면서, 리더의 질문에 포함된 힘을 생각해 보기 바란다. 필자는 영어 알파벳인 QUESTION의 8글자를 통해 '리더의 질문에 포함된 힘'을 곰곰이 생각했고, 다음과 같이 정리해 보았다.

❶ Q(Quest, 탐색)

리더 자신에게 던지는 질문은 자신의 부족함을 나타내는 겸손의 표현과 동시에 이 질문을 통해 전혀 생각하지 않았던 새로운 것들을 탐색하고 학습할 수 있는 계기가 된다. 또한, 리더도 잘 모르는 것을 이해관계자들에 질문하여 배울 수 있게 된다. 모르는 것을 알려주는데 들으려고 하지 않는 것도 문제이지만, 자신이 모르는 것을 질문하지 않는 것도 큰 문제인 것이다('10년 후 우리 조직의 새로운 먹거리는 어떤 것일까?').

❷ U(Understand, 이해)

리더의 질문은 이해관계자들의 생각과 의견을 이해하는 좋은 수단이 된다. ("박 대리의 제안은 오피니언 리더들의 의견을 청취하자는 의미로 이해하면 되는가?")

❸ E(Encourage, 용기를 북돋음)

리더의 질문은 이해관계자들을 동기부여하고, 그들의 능력을 배가 시킬 수 있다. ("우리 팀에서 프리젠테이션을 박 대리만큼 하는 사람이 또 누가 있겠나, 안 그런가?")

❹ S(Solve, 문제해결)

'코칭형 리더십' 편에서도 언급한 것처럼 리더의 친근한 코칭 질문은 이해관계자 스스로가 문제를 발견하고 해결하는 데 도움을 준다.

❺ T(Think, 생각 자극하기)

리더의 질문은 이해관계자들의 생각을 자극시키고 고무시킨다. 이해관계자들의 생각을 자극시키는 것은 그들을 성장시키고 움직일 수 있는 좋은 방법이다. ("박 대리, 입지 개발을 위한 고객 동선 파악 방법에 좀 더 참신한 아이디어가 없을까?)

❻ I(Interest, 이해관계)

리더와 이해관계자 간에 혹은 이해관계들 사이에 입장 차로 인한 갈등과 어려움이 있을 때, 리더의 질문은 상호 간 입장 차이를 좁힐 수 있는 좋은 방법이 된다. ("박 대리, 고객사 최 과장이 어제 미팅에 대해 불만을 토로하던데, 박 대리 입장에서는 나름의 이유가 있는 것 같은데 말해 줄 수 있겠나?")

❼ O(Open mind, 마음 열기)

리더의 질문은 이해관계자들의 마음을 열고, 그들과 친밀해질 수 있는 단초가 된다. ("김 대리, 지난달 어머님 수술 이후, 건강 상태는 어떠신가?")

❽ N(Notice, 주목하다)

리더의 질문은 리더가 이해관계자들의 의견에 주목하고 경청할 준비가 되어 있음을 알게 해 준다. ("김 대리, 최 주임이 제안한 2/4분기 판촉 아이디어 어떻게 생각해?")

질문은 대인관계와 소통의 품질을 향상시키기 위한 좋은 수단인 동시에 이해관계자들의 마음을 열고 또 닫을 수도 있기 때문에, 리더의 질문은 조직의 운명을 가른다고 해도 과언이 아닐 것이다.

리더가 질문을 안 하는가? 꺼리는가?

리더의 성향에 따라 질문을 잘 안 하는 리더도 있고, 또 꺼리는 리더도 있겠으나, 몇 가지 이유로 보통의 리더들은 질문을 잘 못한다. 실제 교육 현장에서 리더의 고충을 들어보거나 후배 사원들의 이야기를 빌려도 비슷한 답변이 나온다. 왜일까?

❶ 특히 주입식 교육에 물들어 있는 나이가 많은 리더일수록 학창 시절부터 질문의 경험이 많지 않다.

❷ 과거에 상사나 교사에게 질문했을 때 "왜 그런 쓸데없는 것을 질문하고 그래?" 등의 핀잔을 들었던 경험이 일종의 상처로 남아 있는 경우도 뜻밖에 많다.

❷ "내가 후배에게 이런 질문을 하면, 속으로 그것도 질문이라고 하셨나요?"라고 생각할까 봐 내심 겁이 난다는 리더의 염려도 있다. 지레 질문에 대한 결과를 걱정하는 것이다.

❹ 힐문(詰問, 트집을 잡아 꼬치꼬치 따져 묻는 것)하면서 질문이라고 생각한다. 예컨대, "이 보고서를 상대방이 이해했을 거로 생각하는가?", "이런 식으로 진행하면 하반기 매출이 달성될 것 같은가?" 혹은 가정에서 남편이 아내에게 하는 "당신, 애들에게 예절을 가르친 거 맞아?" 등이다. 이런 힐문을 상대방은 결코 질문으로 받아들이지 않을뿐더러, 무시하거나 듣고 흘려버리거나, 의례적으로 듣는 척하거나, 아니면 변명으로만 일관하거나 가끔 대항하는 경우도 있을 것이다. '리더가 왜 질문을 안 하는가? 혹은 꺼리는가?'에 대한 답변보다 본인이 힐문하면서 질문하고 있다는 생각이 튜닝에는 가장 위험한 것이다.

이런 질문은 곤란하다

힐문 이외에 리더가 생각해야 할, 좋지 않은 또 다른 질문의 형태가 또 있다.

❶ 의례적이며 습관적 질문이다

예컨대, 서류 작업 중인 김 대리에게 맥락 없이 갑작스럽게 "잘 되고 있나요?"라고 한다면, 김 대리의 답변은 "아, 네!" 이 정도가 아닐까? 솔직히 고백하면 필자도 습관적인 질문을 아내에게 던지곤 했다. 강의 후 집에 도착하면 "여보! 별일 없지?"라는 질문에 아내는 몇 번은 "별일 없어요."라고 매우 부드럽게 답해 주었지만, 매일 대하는 사람에게 동일하게 반복되는 나의 습관성 질문에 "별일 있으면 어떻게 해? 애들이며, 집이며 모두 무탈해야 당연한 것 아닌가? 왜 그런 걸 늘 물어보는 거야?" 이 말 속에 들어있는 아내의 표정과 음색은 당신이 상상하기 바란다. 이후로는 아내에게 "여보! 별일 없어?"라는 의례적 질문을 한 기억은 거의 없는 것 같다. 의례적인 질문은 간혹 만나는 상대와 대화를 시작하거나 교류하는데는 괜찮은 수단이지만, 거의 매일 만나는 구성원에게 습관적이며 반복적으로 던지는 질문은 그리 좋지 않다.

❷ 원하는 대답을 기다리며, 확인하는 의미로 던지는 질문이다.

예컨대, "최 대리, 사업계획서 목차는 완성되었고, 관련 데이터 분석은 뽑아 놓았으니, 내일이면 완성본을 볼 수 있겠네? 그렇지?", "박 주임! 내가 이번에 남미 쪽 펀드를 가입하려고 하는데 괜찮은 생각이지?" 등의 질문이다.

❸ 장황한 질문이나, 상대가 대답할 기회를 주지 않고, 여러 개를 동시에 던지는 질문도 좋은 질문이라 할 수 없다.

그렇다면, 리더가 해야 할 좋은 질문은 어떤 것이 있을까? 그것은 상황에 적합한 질문을 해야 한다는 것이다.

다음에 언급된 상황에 적합한 5가지 질문을 참조하고 실행하기 바란다.

질문 유형	어떤 상황에서 적합한가?	질문의 실제 예
직접 질문	상대방이 질문의 의도나 내용을 명확하게 이해하도록 해 상대의 명료하고 직접적인 대답을 기대하거나, 시간이 많지 않을 때 활용한다.	"3분기 신상품 런칭 계획은 있는 건가?" "이번에 도입할 인사 시스템의 특징은 한마디로 무엇인가?"
간접 질문	반드시 의문문의 형태가 아니더라도 상대가 리더의 질문에 부담을 느끼지 않게 완곡한 표현으로 상대의 생각을 듣거나 의견을 구할 때 활용한다.	"고객 이탈이 늘어나는 이유가 정말 궁금하네." "왠지 신조어같은 신상품 이름이 다소 낯설긴 하단 말이야."
열린(개방형) 질문	"예, 아니오." 이외에 다양한 답변을 기대할 수 있는 토론형 질문이며, 때로는 문제 해결을 지원하는 코칭형 질문의 핵심이다. 상대에게 친근하며, 또 긍정적으로 인식될 수 있다.	"박 대리가 생각하는 고객 이탈 이유에 대해 들어보고 싶네."(토론형 열린 질문) "요즈음, 업무 집중이 잘 안 되는 것 같은데, 특별한 어려움이 있는가?"(코칭형 열린 질문)
닫힌(폐쇄형) 질문	직접 질문의 변형으로, 감사, 조사, 사실 확인 등 대화의 초점을 좁히고자 할 때 사용하며, 언제, 어디서, 무엇을 등의 질문을 포함한다.	"오 과장, 기확안은 언제까지 완성되는가?" "그래서 결론은 가능하다는 것인가 아니면 어렵다는 말인가?" "다음 주 협상 실무는 누가 담당하는 건가?"
가정형 질문	이해관계자들의 반발심을 최소화하며, 그들의 창의적이고 다양한 아이디어를 자극하는 변화지향적인 질문의 형태이다.	"이번 광고 모델로 박찬호 선수를 섭외한다면, 매출에 어떤 변화가 있을까?" "강 대리, 리더십 과정을 외부 전문 강사로 대체하면 교육 효과에 어떤 변화가 있을까?"

리더들이 이해관계자들에게 질문을 안 하는 것은 분명 문제이다. 또한, 힐문하면서 스스로 질문을 잘하고 있다고 생각하는 것도 문제이다. 그리고 리더가 하는 질문의 효과를 인지하고 있다 할지라도, 즉흥적으로 질문하는 것도 좋은 것은 아니다. 리더는 상황에 맞는 질문을 하기 위해 평상시에 다양한 형태의 질문 리스트를 작성해보고, 또 연습하는 노력과 실천이 필요하다. 이것이 어렵다면 최소한 앞서 언급한 (6-2)장의 이해관계자를 매료시키기 위한 3초의 멈춤과 생각 이후에 질문을 던져보기 바란다.

실천 과제 [6.4.1]

텔레비전의 대박 맛집 소개 프로그램에 이런 코너가 있다. 단 한 가지만 바꿨을 뿐인데, 매출이 대박난 식당의 비결은 무엇일까? 음식에 들어가는 재료 한 가지에서부터 요리 방법 등 단 한 가지의 변화를 보여주며 시청자의 공감을 자아낸다.
리더의 질문도 유사하다. 리더의 질문방법 하나만 바꾸어 조직의 운명이 달라지고, 당신의 튜닝 리더로서의 능력도 배가 될 것이다. 특별히 위에 소개한 다섯 가지 상황별 질문의 형태 중, '가정형 질문'은 이해관계자들과의 우호적인 관계 형성을 통해 상대의 창의성과 아이디어를 자극하는데 제격인 질문이다. 다음의 질문을 '가정형 질문'으로 바꾸어서 활용해 보자.

1. (팀원이 유관부서 담당자들이 모인 회의실에서 '교육기획안'을 브리핑하고 있을 때, 유관부사장인 당신이 질문을 한다.) "박 대리! 자네가 발표한 교육 기획안이 조금 진부하다고 생각하지 않는가?" → (가정형 질문으로 바꿔보라)

2. (팀원이 업무를 핑계로 본사 교육팀 주관 차세대 리더십 교육과정에 불참하려고 한다.) "최 대리, 어차피 받아야 할 교육인데, 이틀 교육 다녀온다고 빨리 업무가 종결되겠는가?" → (가정형 질문으로 바꿔보라.)

05

쓴소리 100% 활용하기

———————— 당신이 다음과 같은 상황에 직면한다면 어떻게 하겠는가? 당신의 생각을 작성해 보기 바란다.

Q1: 식당에서 비빔냉면을 주문했는데 물냉면이 나왔다. 어떻게 하겠는가?

Q2: 밥을 자주 남기는 당신의 초등생 자녀에게 어떻게 하겠는가?

Q3. 후배에게 업무 지시를 했는데 기획서에 오타가 많다. 어떻게 하겠는가?

앞서 긍정의 메시지가 담긴 따뜻한 말과 립서비스는 상대의 마음의 문을 열고 그의 잠재력을 극대화하는 '소통의 좋은 방법'이라고 이야기했다. 그렇다면 우리는 누군가에게 항상 긍정적이고 따뜻한 말만 해야 하는가? 즉, 당신은 튜닝의 의미를 항상 상대가 듣고 싶어하는 긍정의 메시지만 전달해야 하는가?하는 생각과 함께 딜레마에 빠질 수도 있다. 이런 일들이 지속된다면 자칫 우리의 마음은 가면을 쓴 상태의 불편함으로 가득 찰지도 모른다.

혹시 당신은 위에 제시한 사례 중 첫 번째 질문에 대한 답변으로 주문한 비빔냉면 대신에 물냉면이 나와도 '아무런 말 하지 않고 먹을 것이다.'로 작성하지는 않았는가? 아니면 실제 마음은 그렇지 않지만 관대함으로 상대의 실수에 대해 "일하다 보면 뭐 그럴 수도 있지요. 물냉면도 시원해 보이니 그냥 먹겠습니다."라는 말을 하며 주문과 다르게 나온 음식을 먹을 것인가? 물론 이런 언행이 시간이 지나도 후회스럽지 않다거나 다른 사람들에게 화풀이로 전이되지 않는다면 전혀 문제될 것이 없다.

그러나 옛말에 '종로에서 뺨 맞고, 한강에 가서 눈 흘긴다.'라는 말이 있듯이 불합리한 상황에 대해 제대로 말하지 않고, 시간이 지나서 다른 사람들에게 비난의 화살을 돌린다면 이것은 결코 좋은 소통의 습관이 아닐 것이다. 즉, 튜닝한다는 것이 불합리한 상황, 부적절한 상대의 태도, 타인의 명백한 실수 등에 항상 따뜻한 말로만 격려하고 후일을 모색하라는 의미는 아니다.

물론 상대의 미숙한 한 번의 잘못이나 실수에 관한 따뜻한 메시지는 오히려 상대의 잠재능력을 개발하거나 배려하는 리더로서의 효력을 발휘할 수도 있다. 그러나 상대의 말이나 업무처리가 반복적인 실수이거나 잘못된 습관일 수도 있기에, 경우에 따라서는 제대로 된 쓴소리가 훨씬 효과적일 수도 있다.

이 효과성은 이 책의 3장 코칭형 리더십 편에서 이미 언급한 바 있다. 코칭은 '성과향상, 지속적인 변화, 자발성 극대화를 목적으로 타인에게 행해지는 커뮤니케이션 스킬'이라고 정의했기에 코칭을 위해 때로는 부정적 메시지 전달도 필요한 것이다. 그렇다면 제대로 된 부정적 메시지 전달 방법은 어떤 것일까? 두 번째 질문 사항을 예로 들어보자. 밥을 자주 남기는 아이에게 어떻게 할 것인가? 여기서 '자주'라는 의미는 한두 번이 아닌 밥 남기는 행동이 아이에게 나쁜 습관으로 자리 잡았다는 것을 의미한다. 아이가 밥을 남길 때마다 부모가 알아서 처리하는 것은 그다지 좋은 방법이 아니며, 위협적이고 단정적인 말로 아이에게 강제로 음식을 먹이려고 하는 것 역시 막장 리더의 가능성이 큰 부적절한 표현이다. 이런 경우야 말로 제대로 된 부정적 메시지가 필요할 때이다. 제대로 된 부정적 메시지 쓴소리 전달은 다음의 다섯가지 요소가 필수적이다.

❶ 사실과 의견을 분리해서 사실만을 말해야 한다는 것이다. 예를 들면 "넌 왜 항상 밥을 남기니?", "넌 생활습관이 안 좋아" 등의 말은 곤란하다. 사실(fact)은 오늘 식사를 남긴 것이고, '항상'이라든가, '생활습관이 좋지 않다.'라는 것은 다분히 부모의 의견이다. 반드시 오늘 아침식사를 남긴 것(사실)에 대해서만 언급 할 필요가 있는 것이다.

❷ 상대의 잘못된 언행으로 발생된 영향을 솔직하게 말해야 한다. 아이가 밥을 남기게 되면 부모가 남은 밥을 먹어야 한다든지 혹은 열심히 준비했는데 부모 마음이 아프다든지 등 자신의 감정 상태를 말하는 것이다. 이 감정 상태를 솔직히 표현하기 위한 괜찮은 방법은 주어를 '상대(You)' 가 아닌 '나'로 표현하는 'I 메시지'를 사용해야 한다. 예컨대 "아들! 네(You)가 엄마를 화나게 하잖아." 보다는 "엄마(I)가 속상해." 등으로 표현하는 것이 훨씬 효과적이라는 것이다.

❸ 향후 동일한 잘못된 언행에 대해 '예고 조치'하라는 것이다. 아이가 오늘 아침밥은 도저히 더는 못 먹겠다고 선언했기 때문에, 경험상 아이에게 밥을 먹이는 것은 곤란하다. 이런 경우 이렇게 말해 보라. "알았어! 오늘 아침은 그냥 등교하지만, 만일 오늘 저녁에도 밥을 남기면 대신, 내일 아침밥은 주지 않아도 되겠지?" 이런 제안에 아이는 흔쾌히 엄마와 약속을 하고 등교하게 될 것이다. 그리고 만약 아이가 그날 저녁밥을 남기게 된다면, 엄마는 반드시 그 다음 날 아침 아이와의 약속대로 밥 한 끼를 주지 않아야 한다. 부모와 리더의 권위주의(Authoritarianism: 어떤 일에 대해 자신의 지위를 내세우거나 절대성을 강조함)는 문제가 있지만, 자녀와 후배들에게 권위(Authority: 구성원들에게 보편적으로 인정되는 역할 수행자로서의 긍정의 영향력)는 필요한 것이기 때문이다. 권위는 최종적으로 타인이 인정해 주는 것이지만, 사실 자신이 스스로 만들어 가는 노력도 필요하다. 그러나 아쉽게도 현실 속의 엄마는 아이와의 약속과 다르게 그 다음 날 아침식사를 주는 경우가 많다. 그 이유는 슬프지만, 나이로 인한 건망증이나, 아이에 대한 사랑의 방식, 혹은 일종의 협박으로 영향력을 발휘했기 때문이다.

❹ 더는 유사한 실수가 반복되지 않도록 환경을 조성하는 노력도 필요하다. 예컨대, 모든 음식은 엄마가 준비하더라도 밥만큼은 식구별로 원하는 만큼 덜어 먹을 수 있도록 개인 배식을 하는 것도 좋은 방법일 것이다. 이렇게 하면 반찬 투정도 덜 하게 되지 않을까? 반찬이 마음에 들지 않는 날이면 가족들이 밥공기에 밥을 적게 덜어 먹을 것이므로 밥을 남기는 경우는 거의 없을 것이다.

❺ 무엇보다 중요한 것은 부모인 당신도 밥을 남기는 일이 없어야 하는 것이다(솔선수범 & 모델링). 긍정적 영향력의 수단 중 솔선수범을 통한 모델링(인지 학습이론 : 하나 이상의 모델을 관찰함으로써 나타나는 행동적, 인지적 변화를 가리키는 용어로 모방을 포함함)이 효과적이라는 것은 두말할 나위가 없다.

지금까지 학습한 내용을 토대로 세 번째 사례 속의 '후배에게 업무 지시를 했는데 기획서에 오타가 많다.'에 대한 답변을 다시 생각해 보기 바란다. 우리 주위에 간혹 '참을 忍 세 개면 살인도 면한다.'라는 옛말을 기억하며, 하고 싶은 말이 있지만 대부분 참는 것으로 화를 다스리거나 그 반대의 경우로 결국 폭발하여 분노조절 장애와 같이 상대의 인격을 모독하는 언행으로 돌이킬 수 없는 문제를 일으키는 사람도 있다. 이때마다 마음속으로 하나, 둘, 셋…, 열을 세어 보거나 그것이 아니면 최소한 셋까지의 숫자(3초의 멈춤과 생각)를 세고 앞서 제시한 제대로 된 부정적 메시지 전달 방법을 활용해 보기 바란다.

두산그룹의 박용만 회장의 일화에 관한 글을 읽은 적이 있다. 박 회장의 사무실 책상 위에는 2분짜리와 5분짜리 모래시계가 놓여 있다고 한다. 회사 직원들의 결재 서류를 대하거나 업무 처리 시, 화가 치밀어 올 때마다 나름대로 고안한 분노조절법이라고 한다. '화'의 경중에 따라 2분 혹은 5분짜리 모래시계를 뒤집어 놓고 멈춤의 시간을 가져 감정이 격해지는 것을 방지하고 부하들에게 부정적인 메시지를 제대로 전달하고자 하는 노력의 일환이었다. 그런 면에서 우리 조상들의 아이 교육을 위한 회초리 문화는 매우 괜찮다는 생각이 든다. 아이들이 다른 방에서 회초리를 가져오는 동안 자신의 잘못을 반성하게 되며, 부모 역시 비록 짧은 시간이지만 격해진 화를 삭이고 매 대신에 말로 훈계하는, 일종의 부정적 메시지를 제대로 전했기 때문이다. 어쨌거나 무조건 '참는 것이 능사는 아니다.'라는 것을 기억하고, 부정적 메시지와 쓴소리 전달법을 제대로 실천하기 바란다.

사실만을 말하라	상대의 잘못으로 인한 영향을 말하라	예고하라	환경을 조성하라	리더 자신이 모델이 되라	쓴소리 활용법

사랑에 타이밍이 있는 것처럼 소통에도 타이밍이 있다

이탈리아에 가 본 적이 있는가? 토리노 박물관에 가면 카이로스라는 조각상이 있다. 신화 속 제우스 신의 아들인 카이로스(Kairos)는 헬라어로 '기회의 신'이라는 의미이다. 그런데 이 조각상 카이로스의 모양이 독특하다. 앞머리는 길고, 뒷머리는 머리카락이 없다. 그리고 양쪽 어깨와 발뒤꿈치에는 날개가 달려있다. 기회는 순식간에 달아날 수 있으니 재빨리 잡으라는 것이다. 그런데 카이로스의 왼손에는 저울이 있고, 오른손에는 칼이 쥐어져 있다. 저울은 무엇을 의미할까? 저울은 '기회를

잡아야 할 순간인가? 아니면 흘려보내야 하는 것인가?'를 판단하기 위한 도구로, 판단 결과 기회를 잡아야 한다는 생각이 들면 지체없이 오른손의 칼로 내리치라는 것이다.

이 카이로스를 갈등 상황과 소통에 적용해 보기로 하자. 앞의 3번 사례에서 후배 기획서에 많은 오타가 보임에도 아무 소리 하지 않고 본인이 직접 수정한 후 집에 돌아왔을 때, '내가 괜한 일을 한 것이 아닌가?'는 등의 후회를 했다면 이는 그리 좋은 선택이 아니다. 이보다는 후배와 소통을 통해 뭔가 개선을 시도하는 편이 좋지 않았을까? 상황이 발생했을 때, 자연스러운 소통을 통해 갈등을 관리하거나 문제를 해결하려는 시도가 때를 놓치고 후회하는 것보다 훨씬 좋은 선택인 것이다. 사랑에 타이밍이 있는 것처럼 소통에도 타이밍이 중요하기 때문이다. 즉, 부정적인 메시지와 쓴소리를 전할 타이밍을 포함하여, 말을 해야 할 때와 멈출 때의 기준을 찾는 것이 중요하다는 것이다. 소통의 타이밍을 찾기 위한 다음의 두 가지 '자가 질문법' 활용이 당신의 소통역량 강화를 통한 튜닝에 유용하게 쓰여질 것이다.

1. '내가 상대에게 말하면 원하는 것을 얻을 수 있는가? 혹은 개선 가능성이 있는가?'
2. '내가 상대에게 말하지 않고 돌아서면 후회할 것 같은가?'

이 두 가지 질문을 내적 갈등 상황(혹은 선택 갈등 : 양자택일 등 어떤 것을 선택해야 할 것인가? 고민되는 마음)에서 본인에게 먼저 질문해 보고, 그 질문에 대해 '그렇다'는 대답이 나오면 상대방을 불쾌하게 하지 않으면서, 가장 적합한 타이밍을 골라 소통을 시도해보기 바란다.

실천 과제 [6.4.1]

당신의 이해관계자(후배/동료/부하)에게 기획서를 요청한 지, 약속 일자로부터 이틀이 지났는데도 특별한 보고가 없다. 이런 일이 벌써 지난 한 달 동안 세 번째이다. 당신은 어떻게 할 것인가? (다섯 가지의 부정적 메시지/쓴소리 전달 방법이 포함되어야 함)

1.

2.

3.

4.

5.

“

진정한 성공과 바람직한 리더의 조건,
바로 튜닝과 소통의 리더십이다!

”

——— ‘진정한 리더십이란 이해관계자들의 능력이나 수준, 성향과 무관하게 리더 자신의 스타일과 원하는 방향으로 이해관계자를 이끌어 성과를 창출하고 조직을 성장시키는 것이다.’라는 생각을 하는 리더가 있다고 가정해 보자. 물론 나 또한, 예나 지금이나 리더십의 종착역은 이해관계자들을 통한 성과창출로 조직의 생존과 지속적인 성장이어야 한다는 생각에는 변함이 없다. 그러나 이해관계자들의 수준이나 성향과 무관하게 리더 자신의 리더십 스타일과 자신이 원하는 방향으로만 영향력을 발휘하려고 하는 것은 독단과 아집에 빠질 우려가 있다. 물론, 운이 좋으면 단기적인 성과는 가능하겠지만, 장기적으로 성과를 기대하기란 어려울 것이다. 그리고 이러한 조직은 대외적 이미지 관리 차원의 ‘쇼윈도 조직’임과 동시에 그 조직의 리더는 막장 리더로 인식될 가능성이 매우 높다. 그러므로 리더의 리더십 스타일보다는 이해관계자들의 성향과 능력 등에 부합한 개별적인 튜닝의 중요성은 여러 번 강조해도 지나침이 없는 것이다.

아동의 연령대와 학습능력에 따른 진도관리로 학부모들에게 유명세를 탄 아동 학습지 <눈높이>를 기억할 것이다. 그러나 지금은 아동들에게만 맞춤형 학습이 필요한 것이 아니라, 성인들에게도 맞춤형 튜닝 리더십이 필요한 시대이다. 아쉽게도 우리는 주로 리더십 트렌드에만 관심을 가지고 특정 리더십을 학습하며 호불호를 가리는 우를 범하고 있는 것도 사실이다.

"요즈음은 멘토링이 리더십의 대세라는데 우리 조직도 멘토링을 도입해보면 어떨까?" "코칭은 어때? 라이프 코치도 있고, 임원코치도 뜬다던데….", "변화를 주도하지 못하는 리더는 생존하지 못한다고 하니, 변화관리 리더십 프로그램을 학습해야 하는 것 아닌가?", "임파워링 리더십 프로그램을 우리 조직에 도입해 봅시다.", "요즈음 새로운 리더십은 없는가?" 다행스럽게도 이와 같은 질문은 리더십에 대한 전반적인 기초를 다루고, 이해관계자들과 더불어 성공하기 위한 긍정적 영향력 발휘의 방법을 다양하게 담은 이 책 <막장 리더와 이별하기 : 튜닝 리더십>으로 어느 정도 해소되었으리라 확신한다.

"우리 회사에서는 리더십 교육을 매년 반복 교육시키는 데, 후배들의 이야기를 들어보면 정작 교육받은 리더들은 현장에서 잘 바뀌지 않는다고 합니다." 필자가 교육담당자로부터 듣는 리더십 관련 하소연 중 하나이다. 물론, 리더십 교육을 수강하고 리더들이 바로 변화된다면, 솔직히 리더십 강사인 필자의 수입원은 끊어질 것이다. 어쩌면 너무 빨리 리더십의 변화와 혁신이 찾아오지 않은 것이 필자에게는 다행인지도 모른다. 그러나 수많은 리더십 관련 서적을 탐독하고 다양한 리더십 교육을 수강하고도 변화의 징후조차 없다면, 시간, 노력, 비용을 포함한 투자와 비교해 봤을 때 당사자에게는 매우 비효율적이다. 그러나 이 역시도 이 책의 각 단원에 포함된 실천과제를 당신이 제대로 활용하고 있다면, 리더십을 실천하고 또 리더로서 변화하는데 좋은 밑거름이 될 것이라고 생각한다. 하지만 이 책이 지향하는 튜닝 리더로서의 선택과 방법들을 당신이 지속적으로 실천하고 또 긍정적 결과를 도출하려면, 다음의 두 가지 단계를 함께 적용해 보기를 바란다.

첫 번째 단계 : 리더십의 롤모델을 선정하라

네덜란드의 천재 화가 빈센트 반 고흐(Vincent van Gogh)의 스토리를 알고 있는가? 고흐는 이삭 줍는 여인들로 잘 알려진 프랑스의 화가 밀레를 예술적 롤모델로서 존경하고, 또 그를 닮기 위해 부단한 노력을 했다. 알려진 것처럼 그가 남긴 작품의 상당수는 밀레의 그림을 모작했지만, 모작 속에서도 그만의 독특함을 표현했다고 한다. 요즘, 신세대들이 사용하는 'Swag(스웨그)'라는 말이 있다. 원래 SWAG는 전쟁에서의 전리품 혹은 셰익스피어의 희극 '한여름 밤의 꿈'의 대사에 등장한 '건들거리다'는 뜻으로써 대체로 부정적 의미이다. 그러나 요즈음 힙합 등에서 스웨그(혹은 스웩)를 자기 멋, 나만의 스타일로 표현하여 나름 긍정적 의미로 전환하여 사용되고 있다. 일명 제대로 된 자신만의 스웨그가 있다는 표현을 하기도 한다. '쇼 미더 머니'(Show Me The Money)에 등장하는 아마추어를 포함한 힙합 가수들을 보면 유명 힙합 가수를 벤치마킹하거나 모방도 하지만, 본인만의 자신감 넘치는 표현을 하는 이들이 있다. 고흐 역시 스스로도 모작에 대해 당당함을 유지했고, 그 당당함은 표절과 단순한 모방이 아닌 요즈음 말로 '스웨그 넘치는 모작'이었다. 물론 고흐의 900여 작품 중 생전에 팔린 작품은 단 1점에 불과했고 대중의 별다른 주목을 받지 못했으나, 정작 사후에는 그가 모작해서 그린 일부 작품이 밀레의 원작보다 더 좋은 평가를 받기도 했다. 자신의 롤모델을 통한 모작이 자신만의 또 다른 예술혼을 담은 것으로 전환되어 대중의 호평을 받게 된 것이다.

그렇다면 당신의 리더십은 누구를 롤모델로 삼고 있는가? 세상을 떠난 위인이나 비즈니스 혹은 종교계의 위대한 거장을 롤모델로 삼는 경우도 좋다. 그러나 이왕이면 당신이 현재 만날 수 있고 또 어려울 때 즉시 조언을 구할 수 있는 주변의 리더를 롤모델로 삼아 그의 리더십 언행을 모방하며, 그에게 당신의 멘토가 되어 달라고 부탁해 보기 바란다. 이것이 리더십 실천을 위한 첫 번째 단계이다. 왜냐하면 롤모델은 당신의 리더십 모티브가 될 것이며, 그에게 리더십에 대한 조언을 부탁하는 용기와 더불어 그의 조언이 당신을 위대한 리더로 성장시키는데 밑거름이 될 수 있기 때문이다.

두 번째 단계 : 튜닝 리더십 업그레이드를 위한 액션 플랜을 수립하라

필자의 리더십 관련 강의 현장에서 교육 마무리 시간이 되면 참가자들에게 간혹 던지는 질문이 있다. "혹시 부자가 되고 싶습니까?" 대부분 "네!"라는 답변이 나온다. 이어서 "회사에서 존경받는 리더가 되고 싶습니까?"라는 질문에도 대부분 "네!"라는 답변을 한다. 마지막으로 이렇게 묻는다. "그러면, 오늘 아침 부자가 되기 위해서, 또는 존경받는 리더가 되기 위해서 어떻게 하겠다고 결심을 했는지요?" 그러면 대부분 고개를 갸우뚱하거나 미소만 머금고 특별한 대답을 못 하거나 "아니요."라고 대답을 하며 웃기도 한다. 그렇다. 실천하려면 결심이 우선되어야 한다. 결심하지 않는 것은 실천의 근처에도 도달할 수 없기 때문이다. 그런데 그 결심은 마음속에만 담아두는 것이 아니라, 기록으로 남기는 것이 중요하다. 왜냐하면 기록(작성)하지 않은 것은 계획이 아니기 때문이다. 그 기록은 당신의 리더십 업그레이드를 위한 액션 플랜이며, 그 수립 방법은 다음과 같다.

❶ 리더로서의 당신의 장점과 단점을 구분하라. 튜닝 리더십 발휘에 있어서 장점은 강화시켜야 하며, 단점은 더는 악화되지 않도록 효율적으로 관리해야 한다. 즉, 당신의 장점 목록과 단점 목록을 작성해보라.

❷ 튜닝 리더십 발휘에 필요한 리스트 중, 긴급한 것과 중요한 것에 균형을 맞추어 어떤 것부터 실천할 것인지 우선순위를 결정하라. 지금 당장 해야할 긴급한 것만을 계획하는 것은 단순한 make up(임시방편의 수선)이므로, 긴급한 것들 이외에 당신의 인생 시간표상에서 개발하고자 하는 리더십의 중요한 목록 실천에도 힘을 기울여야 한다.

❸ 구체적으로 계획하고, 리더십이 얼마나 향상되었는지 평가(점검/확인) 방법을 생각하라. 예컨대 '팀원들의 기획안에 대한 의사결정을 빨리 하겠다.'보다는, '3일 이내에 의사결정을 하겠다.'로 계획하라.

❹ 기한을 정하라. '언제까지 실천하겠다.'라는 의지가 담긴 도전 목표는 당신의 리더십 향상의 가속도를 붙일 것이다.

모쪼록 리더십 롤모델 선정과 튜닝 리더십 업그레이드를 위한 액션 플랜 수립의 두 가지 단계를 통해 당신부터 막장 리더와는 전혀 무관한 리더가 되고, 당신의 튜닝 리더십 역량이 더욱 향상되길 바란다. 아울러 당신이 궁극적으로 많은 이해관계자에게 존경받는 리더로 각인되기를 기대해 본다. 존경받는 리더의 증거에는 여러 가지가 있을 것이다. 그중 한 가지는 당신이 여러모로 힘들고 어려울 때 당신의 편이 되어 주고 당신의 생각과 감정 그리고 언행에 대해서도 튜닝해 주는, 이해관계자들의 수와 비례할 것이다.

참고문헌

『4개의 인간』, 미하엘 로렌츠, 21세기북스

『NLP의 원리』, 조셉 오코너 외, 학지사

『갈등해결의 기술』, 다니엘 대너, 지식공작소

『감성의 리더십』, 다니엘 골만, 청림출판사

『강점에 집중하라』, 마커스 버킹 엄, 21세기북스

『강한 팀의 조건』, 크레이그 E. 룬드, 지식 노마드

『공감 리더십』, 리처드 보이에치스 외, 에코의 서재

『넛지』, 리처드 탈러 외, 리더스북

『대화의 기술』, 플렛 데일, 푸른 숲

『듣기』, 주디 브라운넬, 커뮤니케이션 북스

『리더십 21가지 법칙』, 존 멕스웰, 청우

『리더십 챌린지』, 제임스 M. 쿠제스, 이담출판

『리더십의 법칙』, 존 멕스웰, 비전과리더십

『마음을 사로잡는 경청의 힘』, 래리 바커, 이아소

『말이 안 통하는 사람과 일하는 법』, 로버트 브램슨 저, 북하이브

『무엇이 성과를 이끄는가』, 닐 도쉬 외, 생각지도

『뱀의 뇌에게 말을 걸지 마라』, 마크 고울스톤, 타임비즈

『보디랭귀지』, 앨런피즈, 대교북스캔

『보이지 않는 고릴라』, 크리스토퍼 차브리스 외, 김영사

『블라인드 스팟』, 매들린 L. 반 헤케, 다산초당

『상대의 행동을 이끌러내는 질문기술』, 사이토 준코, 지식여행

『설득의 비밀』, EBS 제작팀, 쿠폰북

『설득의 심리학 1, 2』, 로버트 치알디니, 21세기북스

『아웃라이어』, 말콤 글래드웰, 김영사

『애스킹 Asking』, 테리 J. 파뎀, 쌤앤파커스

『완전한 자기긍정 타인긍정』, 토머스 해리스, 옐로스톤

『욱하는 성질 죽이기』, 포터 에브론, 다연북

『위기를 기회로 만드는 분노 관리법』, 닐 클라크, 눈 출판그룹

『위대한 나의 발견 강점혁명』, 마커스 버킹엄 외, 청림출판

『이기는 결정』, 김명언 외, 학지사

『코칭이 답이다』, 코치에이, 올림

『타인의 힘』, 헨리 클라우드, 한스미디어

『트러스트 팩터』, 폴 잭, 매일 경제신문사

『팀워크 심리학』, 대니얼 레비, 부글북스

『팀이 천재를 이긴다』, 리치 칼 가이드 외, 트ㅣ움

『팀장 리더십』, 밥 애덤스, 위즈덤 하우스

『팀장 리더십의 비밀』, 토마스 데이븐 포트 외, 맥스에듀

『팀장이 절대로 해서는 안 될 101가지 행동』, 메리 올브라이트 외, 아인북스

『하트 스토밍』, 피터 샐러비 외, 이지출판

『현대 조직의 리더십 적용』, 이상욱, 시그마프레스

『회사를 키우는 인재육성의 비밀』, 사카이 조, 제이펍

튜닝 리더십 노트

※ 자신만의 튜닝 리더십 노트를 만들어보세요.

막장 리더와 이별하기

튜닝 리더십

2020. 1. 8. 초 판 1쇄 인쇄
2020. 1. 16. 초 판 1쇄 발행

저자와의 협의하에 검인생략

지은이 | 이영범
펴낸이 | 이종춘
펴낸곳 | BM (주)도서출판 **성안당**
주소 | 04032 서울시 마포구 양화로 127 첨단빌딩 3층(출판기획 R&D 센터)
10881 경기도 파주시 문발로 112 출판문화정보산업단지(제작 및 물류)
전화 | 02) 3142-0036
031) 950-6300
팩스 | 031) 955-0510
등록 | 1973. 2. 1. 제406-2005-000046호
출판사 홈페이지 | **www.cyber.co.kr**
ISBN | 978-89-315-8894-1 (03320)
정가 | **15,800원**

이 책을 만든 사람들
책임 | 최옥현
기획 · 진행 | 박남균
교정 · 교열 | 디엔터
표지 · 본문 디자인 | 디엔터, 박원석
홍보 | 김계향
국제부 | 이선민, 조혜란, 김혜숙
마케팅 | 구본철, 차정욱, 나진호, 이동후, 강호묵
제작 | 김유석

■ 도서 A/S 안내

성안당에서 발행하는 모든 도서는 저자와 출판사, 그리고 독자가 함께 만들어 나갑니다.
좋은 책을 펴내기 위해 많은 노력을 기울이고 있습니다. 혹시라도 내용상의 오류나 오탈자 등이 발견되면 "좋은 책은 나라의 보배"로서 우리 모두가 함께 만들어 간다는 마음으로 연락주시기 바랍니다. 수정 보완하여 더 나은 책이 되도록 최선을 다하겠습니다.
성안당은 늘 독자 여러분들의 소중한 의견을 기다리고 있습니다. 좋은 의견을 보내주시는 분께는 성안당 쇼핑몰의 포인트(3,000포인트)를 적립해 드립니다.

잘못 만들어진 책이나 부록 등이 파손된 경우에는 교환해 드립니다.

튜닝 리더십
막장 리더와
이별하기

튜닝 리더십
막장 리더와
이별하기